擺渡

讓心與水陸相應

—釋了意 著

日落夢境・無常客
超越悲苦・本初地

妙法擺渡・眾有情
彼岸花開・解脫洲

緣起自序

師父閉關中教誡我：「水陸是從『信』開始，是真正的起信。從每年水陸的相續中獲得安定，能夠知因果、明善惡、分清楚好壞、知道選擇正知正見去生活。」承此教誡，「擺渡」這本書就是大眾從起「信」中學習、明白後，得到了方向、目標，有了信心後，就需要知道如何去實踐。總的來說，這是一套如何以佛法來生活的方法論。

靈鷲山佛教教團自開山以來，便致力於水陸大法會的啟建，已然走過數十載春秋歲月，深受各界廣大的護持與投入。然而，做為最大型的普度法門，水陸法會的度化對象涵蓋法界一切眾生，因此，「打水陸七」除了度化六道群靈眾生之外，更是以法供養的盛大法會。透過法教的宣揚，希冀各界善信，皆能如實皈依三寶，精進禪修，並行各種戒律與懺法，不忘時時秉持慈悲心，與眾生締結善緣，共建華嚴淨土。

靈鷲山啟建水陸法會一向以慈悲、平等、嚴謹為特色，無論是法會儀軌或是六塵妙供，皆以古德傳承為本，一切如法如禮，並且齊備三乘教法。水陸法會的啟建，不僅僅是超度救拔苦海眾生離苦得樂這層意義，更重要的是希望透過壇城的建立，讓群靈得以有機會在清淨的空間淨化靈識、心念，在佛法僧三寶加持之下聽經聞法，平等地獲得解脫的機會，這是法會所傳達的「大普施」的精神意涵。

每一年的法會、每一場的佛事，數十年的光陰積累了從生活到修行，從困惑到開解，在水陸的每一場的開示中，堅固學佛信心。因此，有感於舉辦水陸法會因緣殊勝來之不易，聞法者與說法者悉皆感恩、惜緣重法。故將歷經數十年的開示內容分目歸納，做了各式系統整理，而有水陸系列文集之作成。

當然，結集之主要動機，亦感於檀信多忙於生活、工作諸事，無法親自參與水陸勝會、聽經聞法，希望透過此書詳盡的整理，能夠讓難以親臨水陸法會現場的人，透過文字走進水陸壇城，理解佛法之正見與十方法界、六親眷屬共同體會清淨夙業、法味清涼的快樂。

作者歸結撰寫出這本富含教育意義、生命觀與生命療癒的「打水陸」應用講錄，期能讓善信從生活中更易接近佛法，並在佛法精進上能有所本，以正念度過生活的每一天，歡喜自在。

Content 目錄

僧眾的態度

第二章　神聖的供養

第三章　諸壇的啟建

諸佛壇城介紹

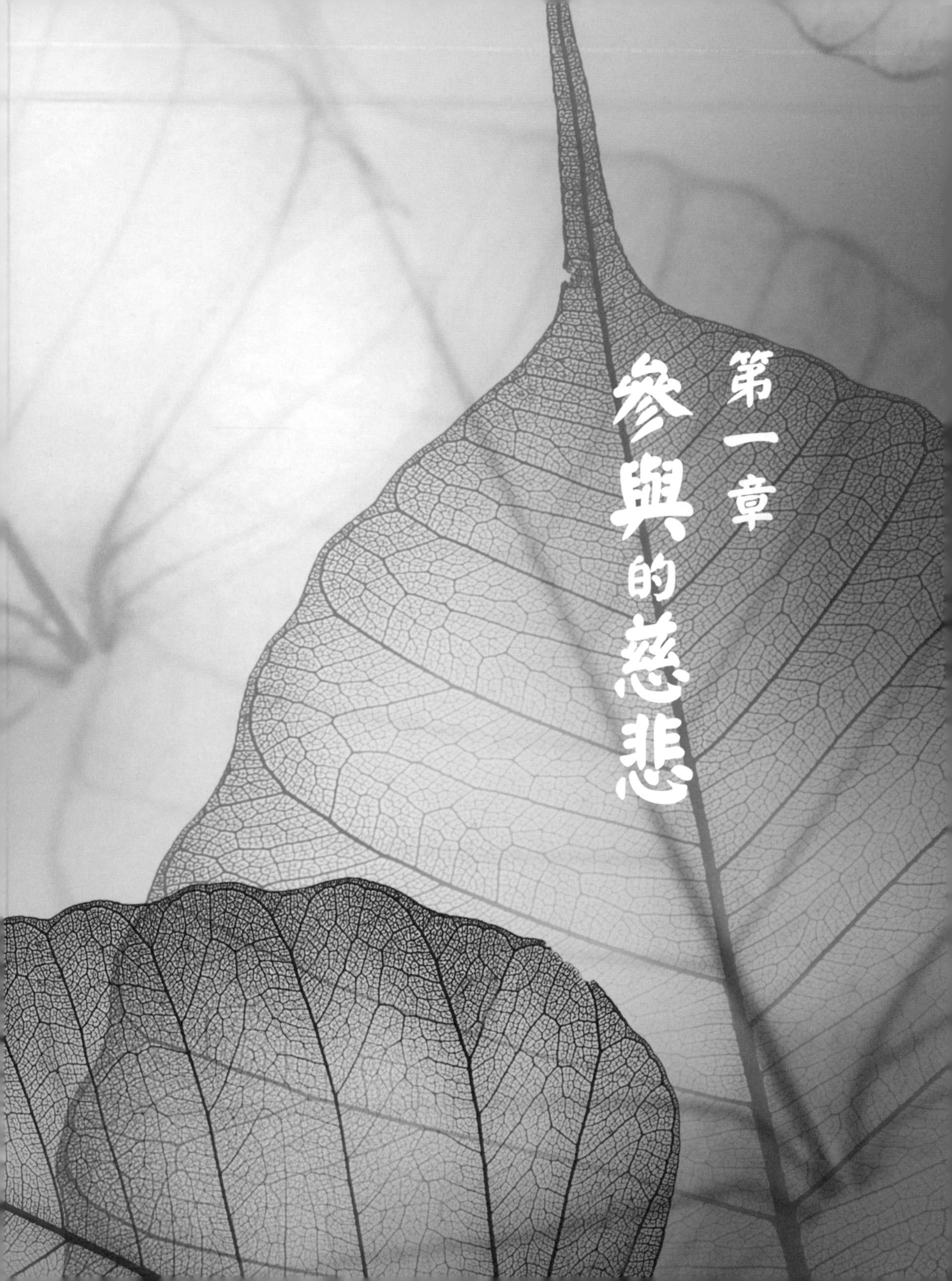

第一章 參與的慈悲

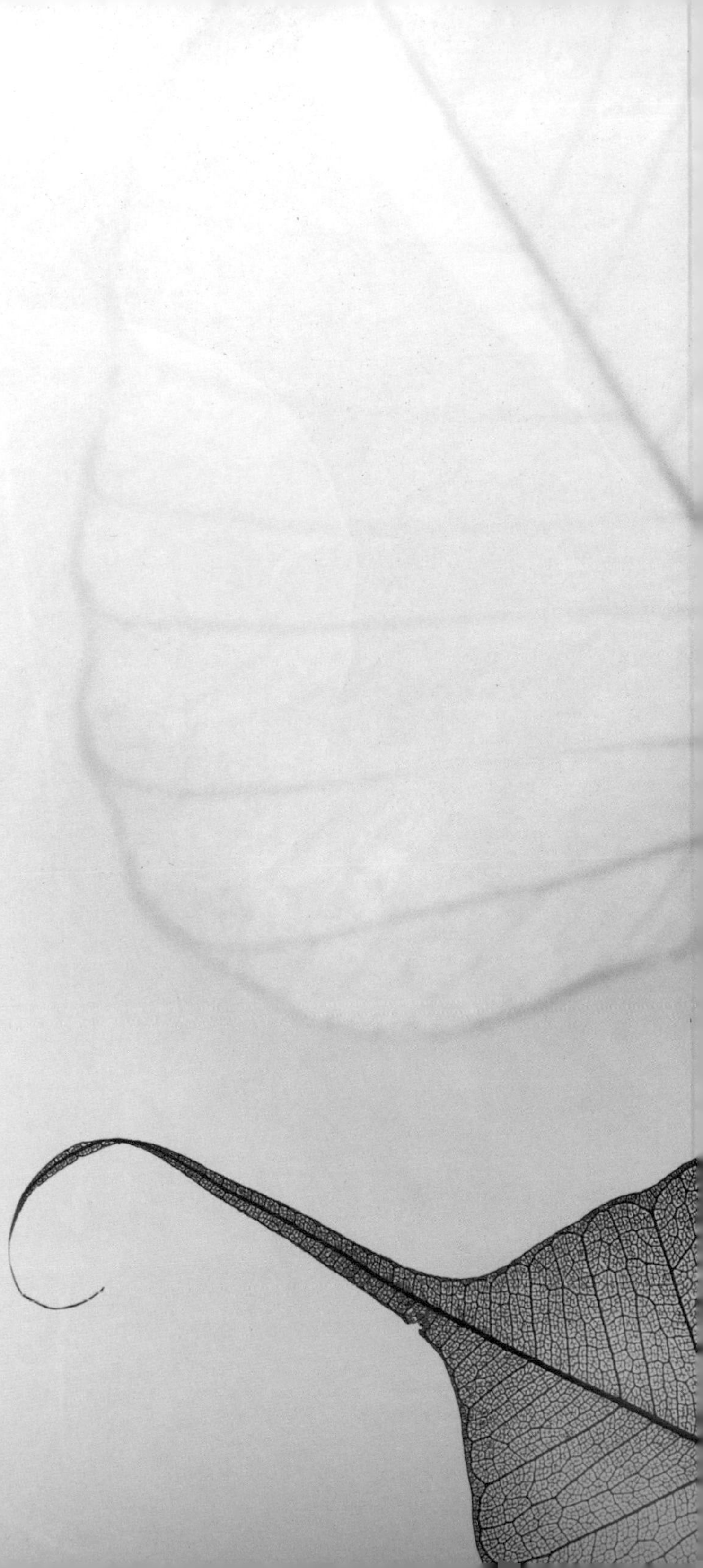

章前序

法會行儀

一場超越時空，連結生命與慈悲的大齋勝會之所以能夠圓滿，並非僅在於水陸法會儀式的進行過程，而是仰賴參與者所發出的願力，將正念、慈心化為無上力量，度化六道群生。大眾參與水陸法會，是一場透過心靈的清淨安定，並逐漸開啟清明智慧，到佛法參悟的靈性歷程。因此，若想將大眾參與的能量做巨大而無窮盡的呈現，首先需透過嚴謹的「法會行儀」，來凝聚發願的力量：

第一項是水陸志工的參與行儀。在這裡以「一念真心」、「六項原則」、「十心」、「六度波羅蜜」、「四無量心」等概念，向志工菩薩們宣導參與水陸的重要意義。這些說法，更是源自心道大和尚長久以來勉勵僧侶二眾弟子，特別是志工菩薩，對於志業的推動、水陸法會的參與等等，應不離認識佛法、實踐佛法、發揚佛法精神的道路，展現大悲願力的功德。

第二項是重要功德主的參與行儀。我們期許參與水陸法會的功德主們，能培養出由心出發，來成就這項「利益眾生」的法會活動，並且讓功德主明白以慈悲願力所啟建的法會，在功德圓滿之時，更能讓自己具足福慧。故在本章裡，將以參與法會應有的「心態」、「言行」、「福報」來勸勉功德主參與法會應持有的態度，收攝六根、以養正念、行懺行善、愛與平等、實相空性，終能了脫俗事憂思，離苦得樂。

志工的態度

談水陸志工的修行

莊嚴的水陸大幡升上去時，我們祈請一柱法幢，這柱法幢是召請十方法界一切眾生來應供、聽經、聞法，邀請一切諸佛菩薩到此為我們說法與護念，壇城成為一個莊嚴的佛國淨土。水陸法會是我們做為佛國子民，要將心與儀容嚴整起來，服務眾生之處。

許多人在法會服務若干年，會提問祖先是否已得超度？起了分別牽掛之心。雖說許多弟子一開始是求取自己平安，或是六親眷屬在解脫道上能夠一路順利。但是，不退轉的原因，除了度拔冤親債主之外，更希望能夠在覺悟的菩提道上，一直勇猛向前、精進。因此，水陸是個歡喜的壇城，也是一方淨土，志工要做一切眾生楷模，做法師最好的護法，護持法師能夠說法、能夠弘法，護持功德主能夠聽經聞法。所以志工是不退轉的橋樑，要做功德主的榜樣。我們是修行人、觀音菩薩的實踐者、普賢菩薩的實踐者，大家在戒定慧三學上要能夠增益與增上。

我們要成為不只是會做事，而且知道在做事裡修行的菩薩。首先第一要有戒，這個戒在法師來講，受過大戒的叫做比丘、比丘尼。比丘需持守兩百五十條戒，比丘需持守三百多條戒，沙彌則需持守沙彌十戒。在菩薩道可見藥師壇誦持的《梵網經菩薩心地品》，這一品講「十重四十八輕的戒相」。這些都是戒的條目，更是做為一個菩薩的自我規範。因此，在家菩薩也有屬於菩薩道的戒法，還有身為佛弟子盡可能地要守三皈五戒。作為水陸志工，我們的戒就是守威儀、護心念，做功德主最好的打水陸橋樑。要做好戒定慧三學，先學規矩，還要能學心道法師的禪定力。師父給我們最精華的禪定功夫就是「一分禪」、「九分禪」。當下我們能夠用一分禪，來讓自己安定身心，步驟就如師父所說的，「深呼吸、合掌、放鬆、寧靜下來，讓心回到原點」。一分禪跟九分禪其實精華跟步驟是一樣的，深呼吸就是四步驟的第一步驟，合掌就是專心，就是要專注眼觀鼻、鼻觀嘴、嘴觀心，在這樣的專注之後就能夠寧靜下來，一寧靜下來就開始進入寂靜，讓心回到原點，看到自己本來空寂的自性，體會放鬆解脫的喜悅。我們做水陸志工也有很多前行功課，誦讀許多經典，懺除染著之念，學習能空的智慧，讓我們在一切處，都有佛的法身能夠護念我們，也能生起我們對本來面目的直覺跟覺醒力、觀照力，讓我們所求如願，發起無上菩提心。

志工服務之餘，要能夠提起觀照，在戒定慧三學中，實踐利他工作。在水陸法會期間，要給人方便、給人歡喜、給人信心、給人希望。所謂歡喜，就是給功德主好的服務；所謂方便，就是當功德主方便變成隨便時，就要用智慧歡喜應變來達到真方便。我們法會就是以「法」相會，有佛法才有好辦法。有了方便、歡喜，就會有希望。時時刻刻發起菩提心，願自己成佛，一定要有勇氣、有信心，精進不退轉的希望自己今生就能夠開悟、解脫、自在。從我們的願力到菩提心，這是今生乃至生生世世永遠要持續下去的覺醒，這是我們從戒定慧給予眾生的典範，就是給一切人方便，給他們歡喜、給他們有願力、有希望，能夠圓滿他們的祈禱，也圓滿我們共同的佛國世界。

法會期間七日的水陸志工，要守戒、禪定，做得好便會自然發出自在的心香，並且要禮敬諸佛、禮敬一切，隨時懂得讚嘆，隨時懺悔業障，有不同意見時，立刻靜下來，不要與人爭論。若有時間，就去隨喜功德，幫助別人或做供養，學習佛法、聆聽善知識說法與誦經，把這一切的功德，回向法界一切眾生。我們豎起象徵水陸法會啟建的幡，聞風而來的眾生是踴躍的，所以更要發展願力並實踐它，廣結十方善緣，即使在閒暇之餘，也應隨時持誦〈大悲咒〉，讓願力與觀世音一樣，能夠千處祈求千處應。

「一念真心」成就華嚴世界

結界，就是要開啟一個宇宙大悲壇城，這一個壇城，是大家一步一腳印，布施時間、體力和法喜才做出來的。我們將迎接十方法界的一切眾生來到我們的法會，因此，這是個極為歡喜的日子，更是每一位志工努力而來的成果。

整個水陸法會是在成就一個佛國世界，更是展現華嚴聖境，這個願力就是諸佛菩薩成就的境界。佛菩薩的境界，是一個沒有煩惱，自在、解脫不可思議的境界，要達成這個境界，需要大眾當下的一念真心來成就十方法界。這一念真心，就是華嚴境界。

所以，這個華嚴世界就在大家的現前一念心，這一念心，一真一切真，一假一切假，一中一切中。所謂一假一切假，是指如果大家動了一個虛幻的念頭，整個宇宙的網路，就存在一個虛幻的關係；大家動了一個真實的念頭，整個十方法界，就呈現一個真實實相的境界，這就是佛國，這就是一個相互關係的世界。現前當下的一個念頭，就可以瞭解過去、現在、未來，一切佛的境界，也可以瞭解十法界的一切呈現跟現象。因此，覺知當下這一念心，將會與十法界中的眾生感應。

所謂「十法界」，即包含了人道、畜生道、地獄道、餓鬼道、阿修羅、天道、羅漢、菩薩，乃至於一切諸佛的世界。只要一念的真心，過去、現在、未來，一切時間、空間，大家都可以了然得知，這一念並不是虛幻的。真，我們要具足菩提心的堅固力，才能夠達到。對菩薩與菩薩道的信，不只要堅固，而且要真誠、有恆心，一真法界才能成就。因此，各位志工菩薩的真心，布施的一份菩提心，成就的是一真法界的佛國世界。《華嚴經》有云：「若人欲了知，三世一切佛，應觀法界性，一切唯心造」，這個神聖的偈語，不但可以成就佛國世界，也可以破除六道執著，還能破除地獄。

我們努力建構的水陸壇城，是要提供眾生懺悔、禮拜來消除累世累劫的業力，或為我們的親人廣結無量無邊、超越時間空間的宇宙善緣。此善緣又深又廣又遠，包括我們今生的父母、累世累劫的父母、我們的冤親，還有十方法界一切的眾生。在這個壇城裡，我們要懺悔所種的心念、執著，種種的差別計較；好種子要發願願一切眾生具足慈悲喜捨，要發四無量心，願一切眾生能夠離苦得樂，發願一切眾生業盡、界盡、煩惱盡，我們的願才有窮盡；要以我們的時間、柔軟心，並加上法的供養，來成就這份神聖的志工工作。

在水陸法會裡，志工菩薩們將每一分、每一秒、每一個信念的功德都普施回向。普施，就是平等無差別地把功德回向給法界一切眾生。這個回向，我們要秉持著無我，無形無相，要像一盞燈，點燃自己，點燃一切。當我們點燃時，這道光是不增不減，能夠光光相應，能夠照亮法界一切的眾生。所以，大家的回向不只不會減少，更能夠利益無窮無盡的眾生。

時時刻刻把光點燃，這就是回向，就是光光相映、燈燈相照的華嚴世界，希望每一位志工能夠繼續攝心，繼續布施，繼續供養、回向，讓自己成就這一真法界，能夠廣結十方法界善緣，法喜充滿，歡喜無量。

生出解脫的力量：以「三法印」正心念

心道大和尚曾說：「懺悔業障是應該做的，至於積極行善，那更是應該去做。」在世間這樣無常的時代中，我們應積極行善，積累福德因緣、光明能量，才足以避開災難。與眾生結善緣，不管是自身的消災，或者是等待我們度拔的靈識，皆是無窮無盡的，只要我們生起一念善心，就可以連結宇宙時空無量無邊的善因緣。所以廣結善緣，是來自於大家的每一個心念。凡事用愛心、有條不紊的清淨心，來供養法界一切善緣。一切從我們的心念做起，志工最需要的就是要能夠有柔軟心、精進心還有安定心。因此，鼓勵大家要建立正見，因為積極行善、廣結善緣的正念要從正見做起，有正確的見解，就能夠讓我們的心念保持在一個清淨的念力上。

一個宇宙世界的形成，從業力而形成，天災人禍都是來自於人的心念——貪、瞋、癡，眾生的種種共業所結集的。佛國世界從願力而成就，希望我們把業力轉成願力，用「諸行無常、諸法無我、涅槃寂靜」三法印來印證我們的心念。「諸行無常」，我們從出生看到的一切是幻化無常的，隨時會幻滅，「身體」從小到大到老到最後終結時一直在變化，而「心念」的變化就更迅速，隨時苦、隨時樂，悲歡、喜樂一直在變化中，沒有一時一刻會停留，它不是永恆的，它是無常的，我們要以這種觀念去認識身心世界。「諸法無我」，要了知這個世間才能夠真正超越，而不去執著它，為它所困所綁，不會被這些妄念、欲望所束縛，才能真正得到身心自由。認知諸法無我，一切的現象，沒有一個真實的我，也沒有一個真正的你去輪迴。身體也是因緣和合的，它不是可以任意主宰的，更無所謂的永恆不壞。我們能了知智慧和靈性，用禪修體會不生滅的那一份永恆，是我們可以學習到的。

身心常是苦的，追求欲望之後就會是無常之苦的來臨。所以，我們的心要安住在緣起性空且沒有執著的念力中，去超越它。不去顛倒，不去在乎外表的幻相。因此人與人之間，只要不去戲論身、語、意的行為，就會超越貪、瞋、癡的束縛。「涅槃寂靜」，從正見中了知這一切的幻化開始，我們不斷地精進，便會認真看待佛陀的教導，然後落實在我們的生活世界中。把這些清淨的念頭、正確的念頭，相續不斷，進而能安定身心。帶著這份力量去做志工、服務大眾，這個就是佛與佛的連結，是解脫的力量。

當我們修行時，對自己的內在要知道「無我」。我們要在無我的空性裡服務大眾，沒有我執，就會謙虛，就不會跟別人對立，就會相互彌補不足，大家相互圓滿。外在，則要看到「如幻」。一切都是水月道場，我們更要懂得把自己從這如幻如化的時間與空間的流轉之中超越出來，如此一來，在服務當下就會入定與開悟到三法印中所說的「諸行無常、諸法無我、涅槃寂靜」。

做水陸法會志工的法門就是「工作即修行」，記住師父給我們的這一個口訣，讓我們在生活中能夠種福田，在工作中能夠修行。如此，我們所布施的時間、精力，就能夠獲得無量無邊的福德，修行容易排解，有了道糧，就能夠讓我們好好開悟。

開悟對於一個證悟者來說並沒有年紀差別，累世累劫三大阿僧祇劫，我們的生命就像是一個彈指，無論年紀多大開始學佛，剩下的時間到我們臨終之前，還要留時間生病，頭腦清楚的時間並不多，再者，將學佛以後精進在佛法上的時間篩選一下，剩下很少很少，起一個瞋心就沒有了，因此福氣、修行、誦經、戒定慧，有機會能累積時，便要實在地去做。釋迦牟尼佛經過三大阿僧祇劫，犧牲他的肉體來供養。佛陀過去本生因緣中當鹿、當老鷹，都是無始劫來不斷地在布施，來換取圓滿成佛的果實，所以把握時機做志工服務，心念堅固下來，就可以超越恆河沙般的無量功德。

我們要常常觀照自己的心念，隨時在每一個行為當中，每一個工作當中，每一個念頭當中，安定自己，這就是修行。有很多功德主來打水陸，七天之中都在念佛、拜佛、懺悔、持咒，我們志工打的水陸更重視的是慈悲，每一個心念都是清淨的，都是柔軟的、都是包容的，都是正知正見的，所以要用這個力量，積極行善，定能時時歡喜充滿。

以「觀音十心」築起空性中的金剛壇城

在莊嚴的結界下，凝聚所有參與者的心力與祈願，才得以啟建一個金剛壇城。結界前，是共同啟建莊嚴的壇城；結界後，是共同守護此壇城。結界的關鍵，在於心。如果心可以回到一份清淨，回到觀音菩薩十種大悲心，便能結界出一個金剛不壞的空性壇城，因為凡是因緣和合都會壞滅，唯有空性永不壞滅，所以真正永恆不壞的，是心，是那份永不執著的空性，也就是覺性。

觀音菩薩將空性的智慧，調理出十種方式、十個角度，幫助我們認識自己，亦即大慈悲心、平等心、無為心、無染著心、空觀心、恭敬心、卑下心、無雜亂心、無見取心、無上菩提心，這些就是所謂的「觀音十心」：

「大慈悲心」，慈是給人快樂，悲是拔除別人的痛苦，拔苦予樂，就叫做慈悲。大慈悲心就是究竟不壞拔苦予樂的心，也就是我們的慈悲心，是究竟的、永恆的、不壞的，願意為眾生，給他們快樂，幫他們去除痛苦，這叫做大慈悲。

「平等心」，要平等對待菩薩、人、六道群靈，每一個眾生都有覺性，都是未來佛，所以要平等幫助進到這個壇城的每一位功德主與誦經拜佛的人，要把他當成佛一樣地來服務。

「無為心」，就是不刻意，無論做什麼事，都能非常安定、寧靜，放輕鬆，無所得、無所求地做，這樣就會平等、沒有企圖地服務別人。

「無染著心」，就是清淨心。在生活中保持正面，不貪婪、不執著，對外境不生染著的心。

「空觀心」，對一切種種的變化都瞭若指掌，不會被這些變化所欺騙，不會因為這些好好壞壞，產生心情變化，這就是空觀心。對因果及其組成的條件清楚，不會被外境所騙，這就是空觀心，就是知道緣起性空的道理。

「無見取心」，沒有太多自己的看法，看什麼東西，就取什麼相，這叫見相、取相。不要被外境所染，知道一切都要和諧、尊重、包容，這就是無見取心。

「恭敬心」，要尊敬、誠懇地對待一切，把一切都當作我們的老師，這就是恭敬心。所以，要恭敬每一個人，因為一切眾生都是未來佛。這樣的概念，其實就是普賢菩薩十大願中「禮敬諸佛」的意思。

「卑下心」，對人要謙卑，驕傲容易結下惡緣，因此要卑下。

即使懂得許多的事物、道理，仍然有更多的事物、道理需要學習，更要謙卑請教別人，時時刻刻讓自己處於求學問道的學生角色，將他人視為老師。將自己當作新學的菩薩，所以理當謙讓一切眾生。

「無上菩提心」，把自己每個心念擺在菩薩的教導裡，實踐觀音十心，就能夠證得無上菩提心。所謂的「菩提」，就是覺悟，菩提心就是覺悟的心，不會經常渾渾噩噩、醉生夢死，而是很覺醒、很清楚，明明白白做這份工作，除了幫助別人，自己也會增長智慧，增長福報。菩提心是醒來的心，只要執著、貪戀，那就叫做「不空」。不空，就是種種的妄想，種種的貪、瞋、癡、慢、疑；不空，就會起計較、起煩惱、起輪迴。空性不是什麼都沒有，空性中有菩提心，空性中存在著壇城，就能夠金剛不壞，這時候我們自己成佛，也幫別人成佛，快快樂樂，開開心心，沒有恐懼。

當我們擁有觀音十心，就有了功德願力，在自己老了、病了的時候，大家會擁有很好的因緣，遇見的人事物都是和善的，即便是去到另外一個世界，大家都歡歡喜喜地歡迎你。結了好緣，無論去到哪裡都能勇敢、快樂、沒有恐懼，現在乃至於未來，都會在清淨、快樂的國土裡面。不怕無常、不怕災難，因為我們在解冤、解業，靠的都是觀音菩薩的十心，所以結界以後要守護這十種心，來成就不壞的壇城，成就自己成佛的道路。持誦〈大悲咒〉，有助於十種心自然現起。

每個人自小就知道天氣冷熱、春夏秋冬，即便長大、年老，身體的感覺、看見的感覺一樣都知道。可以聽的這一份覺性亦然，出生以前、死亡以後，我們的「知道」不壞不死，這就是永生，是永不壞滅的每一個人都有的覺性，那是從心串聯的，心要修行、要培養福田，要產生一個善的連結，關鍵就是心，它能夠結界出一個金剛不壞的壇城。以觀音菩薩十種大悲心，結構出莊嚴壇城以迎接十方聖賢，結界後要好好守護這個壇成，要用這十種心守護空性的結界，把執著的「有」，轉換成無私的奉獻。

修行佛法的三資糧：用「信願行」體現菩薩道

水陸啟建的壇城是非常清淨莊嚴的，如果用我們的肉眼去觀看這個娑婆世界，將會因空間而受到限制，就像法界一切眾生所生存的宇宙稱為「十度空間」，而人道所感受到的空間則為「三度空間」。由於佛陀對於心性的通透與明了，告訴我們在娑婆世界存在著六道眾生，分別是肉眼所看得到的人道、畜生道，以及不一定能夠看見的阿修羅、天道、餓鬼道、地獄道眾生，以上統稱為「六凡」。法界之中還包含「四聖」，分別為聲聞、緣覺、菩薩、佛，這「四聖」就是解脫道的生命體，所以「光明體」是以「解脫智慧」來呈現的，因此無論是善、惡道裡的眾生乃至於「解脫道」的諸佛菩薩，都是用自己的「心念」所勾勒出來的，因為「心」可以自由地開展成「善」與「惡」，我們也因為這些業力的驅使而投生「六道」，如果可以超越三界的生死輪迴與煩惱的繫縛，就可以不用在六道的生死輪迴海當中漂泊，這就是聖人的解脫。

水陸法會的全稱是「法界聖凡水陸普度大齋勝會」，「大齋」不只是供養看得到的，還供養著十方法界一切賢聖。「普度」是用「心念」來觀照、「普度」、轉化一切有緣、無緣的眾生，藉由這樣的方式與十法界一切的眾生結善緣、結法緣，因此十法界一切的眾生只要發起善根與水陸法會相連結，都會被迎請到這個壇城裡面。結界時，法師們已經先移除這個環境的種種障礙，為壇城做加持，因此「內壇」所有佛事的共修，也是透過志工努力搭建出殊勝壇城，讓我們可以在這裡服務法界一切的眾生。

我們的肉眼看到、感受到的時空有限，只有三度空間，總是不知道何時會因為自己的不恭敬心，去危害到其他的眾生，所以應隨時保持非常謙卑與恭敬的心，去對待或面對一切事物。服務大眾時，還要保持「歡喜心」，就算煩惱來臨，都要歡歡喜喜的、不要生氣、不要有不耐煩的樣子，如此一來壇場就會連結所有的功德，尤其是水陸法會的志工，是未來成佛的先驅者、先行者，一定是行菩薩道的。因為在成佛的道路上，已經有一張「解脫」

的入場券，所以行「菩薩道」最重要就是分辨善惡，重點是「信、願、行」，因為相信，而有願力，進而付諸行動。

西方基督宗教信仰的實踐是「信、望、愛」，他們相信上帝所提出的理念：「信我者得永生」，「信」就是他們對於上帝的虔誠信仰；「望」就是「希望」，即便是末日，面對人生的苦痛，仍然保有著一份希望，對他們而言，就是所謂的「聖人的復活」、「聖靈的降臨」，以「鴿子」的「和平、友誼、團結、聖潔」象徵代表聖靈；而這個希望，要用「愛」去虔敬。「信、望、愛」是每個人都很容易做得到的事情，所以「慈愛」是每個人都具足的，修學佛法也是一樣，我們相信佛，至於菩薩道「信、願、行」具體內容，首先可以先談談「信」。

在德國，許多天主教徒學禪之後，都很感激這些讓他們更靠近上帝，讓他們更能看懂《聖經》，因為在禪法中，他們驗證愛世人的心是自性的本質，更明白必須相信永生，因為它是回到源頭。愛心在不同宗教裡，道理是相通的。「禪修」能對自己的覺性充滿確信。要「信」每個人有一顆心，只要好好認識、觀察，就有機會「覺悟」，這叫「明心見性」。我們有一份「清清楚楚」的「知覺」，要去感受能聽、能看、能感覺、能快樂、能痛苦、能作善、能作惡的這一顆心，要認識它，這就是「信」，所以信「佛」，這個人人都有的覺性，最後，他是心的實性。

佛，就是「覺」，「覺悟、覺醒」。覺醒一切的緣起是「善因得善果、惡因得惡果」，修行好就能夠成就聖人的果位、解脫的果位，當發起了這一份心，這就是信，就是信佛的意思，信自己能覺醒的意思。覺醒需要學習，而「四期教育」能夠給我們「正知、正解」，用正見去觀察宇宙人生的現象，是一切事物都會變化，這叫做「無常」。就因為無事不變遷，所以更要積極「修行」以改變我們的命運。佛教徒是正面、積極、不被「無常」所牽絆的，這叫「正見」。能夠了解宇宙人生的真諦、生命現象的道理，知道「無常」，也知道「無常」的原因就是萬事萬物都由不同因緣所組成，不同因緣組成後也會幻滅，所以叫做「緣起性空」，因此需要修行，了解佛法以後要去實踐，做志工、念咒、禪修，用心體會每個當下，就能夠發現、了解無常及其潛藏的苦，此時我們的心會安定、會安住，會從「身心皆苦」的幻覺中解脫，非常清明、有自信不再畏懼，當死亡來臨時更不覺恐怖。

至於「願」與「行」，無論是有緣或無緣的所有眾生，都希望藉由幫助能讓他們遠離畏懼、能有自信與安住。應當發起「願力」，「願一切眾生離苦得樂」，這就是佛教徒最大的願望。願即願望、願力，佛教徒的願，是能夠讓一切眾生都離苦，願成佛度眾生。而「願成佛度眾生」這個願力要靠實踐，這是「行」的意義。佛陀給了佛教徒一個實踐菩薩道的教導叫做「六度」，用「布施、持戒、忍辱、禪定、精進、智慧」來實踐度化眾生。「度」是「度你自己」，用身口意「三好」實踐「六度」，用「四給」不斷地分享歡喜心、信心、希望、分享種種的方便，不斷實踐，眾生就會離苦得樂。

佛教徒是正面積極的，是樂觀、有愛的，是有願力與使命的，這就是「五德」。用身口意來實踐：對外的「四給」，內在的「五德」，透過「六度波羅蜜」來成就一切眾生離苦得樂，這就是志工、菩薩應該有的修行次第，就是三個字：「信、願、行」。行大願者，可以學習普賢菩薩十大願，這是祂的成佛方法論，分別是「禮敬諸佛」、「稱讚如來」、「廣修供養」、「懺悔業障」、「隨喜功德」、「請佛住世」、「請轉法輪」、「常隨佛學」、「恆順眾生」、「普皆回向」，只要行其一如一切，必能成佛。因此透過「信、願、行」，相信普賢菩薩、發願去實踐，必能成佛。普賢菩薩十大願關鍵是「虛空界盡，我願乃有窮盡」，虛空、空間多大，願力就有多大。禮敬諸佛直到眾生沒有煩惱，願望才有窮盡，這是普賢菩薩的願力：眾生界盡，眾生業盡，眾生煩惱盡，窮盡一切眾生的惑、業、苦。

收攝「普賢菩薩十大願」於娑婆世界之中，透過「三好」、「四給」、「五德」、「六度」去實踐，願眾生離苦得樂，願地球平安、世界和平。發菩提心，持佛經修行，將自己所了解的佛法落實在生活中，這是「般若智慧」。當修行跟生活一致，度眾生就是生活、就是修行，所有事情的發生都是「圓滿的」、「美好的」，這就是「華嚴世界」的體現。「工作即修行，修行即度眾，度眾就是我們的生活」，如果我們努力以「信、願、行」作為修行佛法的關鍵，並且加以實踐，一切的顯現都會是圓滿且福慧具足的。

精進菩薩道中的持戒・布施・忍辱

在水陸的金剛壇城擔任佛陀志工，就是為大眾服務，並且要跟佛陀學習明心見性、瞭解生命真相，知道了生死、斷煩惱的方法，心念要懂得觀照生命的實相。在生活處世當中，一切的變化都不是絕對的，每件事情在心念間改變，不論是人、人與人、人與事，都是如此。無常，從消極面看，或許會覺得沒有永久恆常是種遺憾，但從積極面看，既然事情不是絕對的，就代表充滿了無限希望。當用對無常的認識去理解一切事物時，便能慢慢看懂無常，同時知曉執著也不是絕對的，不需要對自己有太多堅持固定的想法。每件事情除了站在自己角度前思後想之外，還要站在他人角度思考，便能夠認識到，所謂的「本來」就不是絕對的，因此面對問題，就有更多解決的方法。

身體也是如此。當如實地觀照，會知道一切都是平等的，生命能夠給我們的一份覺醒就是時時觀照。要能持續觀照，就要培養定力，只要心不去黏著，心便能夠安住，這要靠禪修。每一個當下都清清楚楚、明明白白，每一個當下都能夠覺知，全方位地看見這個當下一切都只是因緣和合、當下的覺知，就是你不屬於一切，你就只屬於一個覺性，完全的覺知，這是志工隨時都要保持的當下的清楚，不要受色、聲、香、味、觸、法的左右，要從服務裡將定力培養起來，每個心念都要透過不斷練習，去把自己放下，不斷地去利益別人，就很容易做到當下沒有我執，這都是因為在幫助別人的同時，根本沒有時間去想到自己，每個心念都在想別人，每個心念都是在做利他的工作。唯有全然地利他，才能夠全然地放下，這是志工最好的法門，把自己完全地奉獻出去，沒有想到自己，是最快的解脫之道。

成佛之前一定要行菩薩道，這是最快放下我執的方法。最快成佛的捷徑就是利益他人，因此擔任佛陀志工就是最好、最快的修行，最無我的奉獻。打坐時，容易對身體的變化產生執著，唯有利他能夠消弭粗重的黏著力，水陸法會有許多人共修，會感召完全遍虛空、遍法界的無我，甚至不執著於種種現象，這是擔任佛陀志工最好的一種空性的連結。關於利他，菩薩給了「六度波羅蜜」這六種最快成就到彼岸的方式，所謂的六度波羅蜜就是「布施、持戒、忍辱、精進、禪定、般若」。其中的「布施」，就是水陸法會很重要的一門波羅蜜，一門成佛之道，一門菩薩六度萬行。水陸修布施度，志工修的布施度有三種：

一、法布施：最殊勝的是法布施，在《法華經》裡面就有「五種法師」，《法華經》對「法師」的定義是能夠受持《法華經》，書寫《法華經》，誦《法華經》，閱讀《法華經》，還有為人解說。《法華經》就是發菩提心，傳承諸佛法，利益一切眾。人人都能成佛，每一個人只要發菩提心就有希望成佛，所以要能夠行法布施。誦，朗誦經典，讓眾生可以聽到，就像水陸法會諸經壇、南傳壇誦讀許多經典一樣，包括念佛一句都對眾生有莫大的利益，這都是屬於法布施；書寫，助印經典，抄寫經典跟眾生結緣，為人解說，常幫大家解釋儀軌、導覽解說水陸法會，這都算是一種法布施。法布施能夠讓眾生對法得到清涼，並開解他的煩惱、困惑。供上堂、供下堂都在供養經典，這都是法布施，讓自心與十方法界連結聖教。

二、無畏施：觀音菩薩是無畏施的最好典範。碰到急難或感到害怕的時候，你們會念南無救苦救難廣大靈感觀世音菩薩，因此也要這樣學習觀音菩薩，讓大家無畏、不害怕。水陸法會現場，迎請了鬼道、地獄道的眾生，其實他們內心是很盲目的，為了讓他們覺得很安定，我們要念佛、持咒、誦經，要讓他們不害怕，然後能聽經聞法。

三、財布施：布施最顯而易見的是財，財布施貴在至誠，要是來自內心真誠、發菩提心地給，而不是不尊重、鄙視地給，這是最好的財施。布施時要感謝對方讓自己有機會種福田、有機會行善，成為菩薩。對於財施功德要有信心，不要短期內看不到成效就產生了懷疑，這種布施就不如法。

六度裡面還有「持戒」。在水陸法會裡擔任志工至少要守五戒，七日當中，不要去犯到大戒，也要能持守小戒。另外，身為志工於法會當中更需要「忍辱」，忍辱有三種，第一是忍身體、物質的苦，要有耐心，能夠觀照，忍肉體的部份；第二要忍思想，自己的想法要忍，盡量能夠跟大眾和諧；第三就是無生法忍，生忍就是眾生的，法忍就是想法的。做為佛弟子一定要學無生法忍，這對解脫、跳開生死有最大的幫助，也就是讓心常常安住在不動寂靜中，安住在所謂的沒有，有也沒有，空也沒有，可以讓很多智慧生起，這就叫無生法忍。用持戒、布施、忍辱來精進菩薩道，最好的精進就要學普賢菩薩，身、語、意業永不疲厭，這是最好的精進。想法不疲倦，口業不厭倦，能夠守好，身體力行不退轉，來實現利益眾生的工作，這是精進，以上都能夠念念相續，持續不斷這叫做定力、禪定。專注培養定力，然後能夠成就智慧，就是回過頭來能相應生命的真相，能夠看清楚，超越心與身體的執著，能夠契入時時刻刻都在明白、清楚、覺醒當中，能夠在空性裡遊戲人間，在空性裡解脫自在。

行持十度波羅蜜

參與水陸法會，不僅是佛國弟子的福報，也是功德主的福報。志工們在佛國世界裡的時間比功德主們還要長，是精挑細選的。因此，要更珍惜、更精進。水陸法會志工的精神特色，要與水陸法會的核心價值一致，即——悲願、平等與嚴謹，尤其是嚴謹。做為水陸志工，法會之前要非常精進誦經，做前行的功課，水陸當下經過專業訓練而被選出，要清淨懺悔，用最容易、最快積聚福德、智慧資糧，讓自己能夠超越解脫的方法——對菩薩的無上供養發菩提心，普度眾生離苦得樂。當每一念身、語、意都懺悔，便能得到無上供養，以此發菩提心，才有實力可以普度一切包括自己累世累劫有緣跟我們在一起的一切善惡因緣眾生，成就他們，讓他們能夠離苦得樂。

培養可以度眾生的能力，方法是「十度波羅蜜」。一般所知的是六度波羅蜜，在事事無礙、圓融的法界裡說的是十度波羅蜜。持戒、布施、忍辱、精進、禪定、般若智慧，這六度是幫助大家可以自覺，可以自己了脫，可以生死沒有障礙，可以自己受用法樂、法喜，後面方便、大願、大力、大智四度，就是讓廣大無邊度眾生，成就佛道，如此才能夠真正建設屬於我們生生世世、無有障礙的華嚴淨土。關於持戒，如果心不持戒，我們就是跳躍的、歪曲的、沒有邏輯的、不安定的。而布施，就是無上的功德。至於忍辱，在這裡分享一則石頭與佛的故事。某日，石階對佛抱怨地說：「你比我好很多，你每天被拜、被頂禮、被恭敬，我每天被踐踏。」佛說：「可以，你也可以，只要你能夠忍辱，那你就可以像我們一樣被膜拜。要雕刻一顆石頭變成佛像，需要被千刀萬剮，我是這樣子修來的。」所以忍辱是讓自己能夠承受。在日常生活中若能不斷去實踐六度波羅蜜，便可以成就自己解脫，不再擔心生死無常的輪迴痛苦了。

十度波羅蜜的後四度從方便波羅蜜開始，所謂的方便，就是具足前六度的智慧後，能夠發心度一切眾生，發菩提心，善巧、方便。要有菩提心才能夠度眾生，才能夠產生願力，所以第八度就是「大願波羅蜜」。要有願力，當發起願力的時候，就已經在成就眾生，如果沒有願力，是沒有辦法成就華嚴世界的。有了大願波羅蜜，才會產生第九度「大力波羅蜜」。當心清淨、具足菩提心時，自然就有功德力，就有加持力，說話就能夠為眾生所聽。由於常做善事，行菩薩道，因此講話就具足說服力，這種說服力就有加持的作用，最後成就能夠讓眾生離苦得樂的智慧「法界有情，同圓種智」，第十度大智波羅蜜，就是除了自己具足般若波羅蜜之外，一切跟你有緣的眾生都具足了智慧，這叫十圓滿，十種圓滿都是來自自己發菩提心的關係，成就了此道業。

要在日常生活中將十度波羅蜜實踐很簡單，但要提醒自己下定決心。凡事起頭難，許多事不是做不來，只是不習慣。例如志工工作，也許剛開始自己會害怕體力不足、能力不夠，但只要有決心告訴自己，已經發了菩提心，自己一定可以，必定能成。

就像布施波羅蜜一樣，過去生沒有習慣布施，所以今生不覺得需要做這件事，然而我們已然學佛、當志工，瞭解布施的重要性，就知道要去做。布施時，有時候覺得別人供養的多，自己供養的少，但這無礙，當你發起一個心念，縱使是一盞小小的油燈，都是很大的布施；又或者對於貴重寶物的布施有時猶豫，但事實上，一切東西都是無常的，都是幻化的，布施出去，自己並不會短少，買空賣空，哈，賺到了廣大心量與功德。因此，要用清淨心去行這十度波羅蜜，要有決心去把自己供養給佛，供養給三寶。尤其是如果可以把自己供養出去，那就是佛，就是菩薩。有位香港的企業家，每年都捐幾億給佛教，蓋了許多寺廟，栽培很多出家人讀書。每個禮拜，他都會開會討論需要幫忙、行善的地方，他說他是菩薩的掌櫃，雖然有錢，但不可以沒有智慧隨便花用，花用要有意義，要真的是為佛陀做事。當我們找他的時候，他說他的時間是菩薩的，所以我們用他的時間要省納，他的生命就這一些，如果有效率多用了，這時間就最有意義。因此，要把時間供養給菩薩，用到最有效率，不要拿來戲論、懈怠、打妄想和起煩惱。

就因為我們的時間是菩薩的，所以要善用時間出離輪迴，歡喜來做水陸志工。時間是不會回來的，不容虛度，每一個時間都是被安排的，當我們在使用任何時間時，都要小心地用，用得不當就是浪費資源，必須讓我們的時間可以利益更多眾生。因此，要心心念念憶念眾生、憶念佛，多善用時間，在水陸七日相互合作，能夠歡喜、有效率地行普度眾生，去精進、去實踐。

水陸志工的三多精神——
多聽、多忍耐、多做少說

若想把握世間種種因緣，只有懺悔是不夠的，還要積極行善。積極的服務，也是行善，是避開一切苦難最好的方法，更是累積福德最快的奉獻。

我們修持「明心見性」和「了生脫死」的清明智慧，並以菩提心度化眾生，以禪心進入空性，離苦得樂。因此，每年啟建水陸法會，就是大悲願力的實踐。要用歡喜心來服務，用奉獻心來行慈悲。不只要做到「我對你的服務或我們服務別人」，還要做到「你就是我，我就是你，你的苦就是我的苦，你的需要就是我的需要」，把別人當作自己來服務，這就叫做修行。要用修行的心來做志工，就能夠培養廣大的心量，培養歡喜、慈悲。關於修行的心，三藏十二部講了非常多，各宗各派只收攝在三個法門，那就是戒、定、慧。

「戒」就是戒律，在家居士受持十善業，這十種善業，又可以被歸納成身、口、意。身有三個：不殺、不盜、不淫；口有四個：不妄語、不惡口、不兩舌、不綺語，也就是不說謊話、不罵人、不挑撥是非，不說天花亂墜的話；至於意，就是不貪、瞋、癡。在水陸中要守身好、口好。不殺盜淫，應該可守，但對盜要注意，法會十方來的種種資糧不可私自竊取之外，包括插隊也是一種偷盜，是在盜取別人時間，因此需要盡量做到七天清淨。至於貪、瞋、癡是最容易犯的，身心一累，法師說法眾人就打瞌睡，這一點要盡量彼此提醒，因為大家是生命共同體，在水陸國度裡，大家應當都是清清朗朗、明明白白的。守好十善業，能夠得到人天的福報，便不會受到三惡道的痛苦，若進一步要成為真正了生脫死的修行人，就一定要走禪定的路線。

「定」就是禪定，身心的安定。正定，識心達本，就是要認識自己的心，隨時守好正念。何謂正念？正念就是看到每件事情，不打妄想就是正念，不執著就是正念，不起分別心就是正念，如果覺得困難，至少把〈大悲咒〉拿來持誦，就是守好正念，因為〈大悲咒〉是觀世音菩薩發起平等心、慈悲心、空觀心、無為心，種種卑下心所成就的，這樣子的一個音波，讓我們能夠連上觀音菩薩的解脫力量，來訓練心的安定，守住這種正念相續、淨念不斷的修行，能夠幫助我們慢慢地接收到自己心的訊息，那就是一份明白，不會活在妄念、妄想裡，把念頭安頓到〈大悲咒〉，安頓到事物的真相，就是不分別、不執著、不妄想，就會有正念，這就是禪定，在覺知中清楚的生活。

凡是涉及生死大事的煩惱妄念，就需要連根拔起。該怎麼連根拔起？就得要懂得「不執著」。「本來無一物，何處惹塵埃」。這就是正念。有了正念，就能夠回歸自我的覺性了，找到自己的心，這就叫做「讓心回到原點」。回到原點，就可以開展出清明智慧。

「慧」，又名「智慧」，這不是指世俗中的聰慧，而是由定力所證得的大智慧，無漏智慧，智慧也就是「般若」。在大乘佛教裡面，「慧」就要靠你的觀想力，用菩提心與慈悲心觀想。菩提心來自於大家在服務當中的清淨、單純。在《法苑珠林・卷三十六》裡曾記載「童子歡喜以花供佛」的故事。過去佛陀在舍衛國祇樹給孤獨園弘法時，某天和比丘們到城裡托缽。這時，有位婦女抱著兒子坐在路旁，這個孩子很單純，看到佛陀很莊嚴、清淨，童子就立刻說：「媽媽，我要買花供佛！」童子的母親就順著他的意買一朵給他，童子便很高興地向佛跑去；「佛陀，這朵花給您，我希望我未來能跟您一樣！」就這樣一份很簡單的清淨供養的心，就注定了他下一世成就辟支佛的果報。

志工服務要具足「三多」精神：多聽、多忍耐、多做少說。這三多已包括戒、定、慧三學的智慧。我們要靠柔軟心、忍耐力讓身口意清淨、沒有汙染，多忍耐，嘴裡就不會罵人、戲論，身體就不會躁動，想法就會安定，不會踰越他人的底限或是觸犯煩惱，這就是戒；多做，就不會打妄想，就會專心在服務的工作裡，從工作中訓練我們止觀、禪定、插花、煮飯、掃地也能成佛，這就是定；多聽，就是多聽智慧，多聽法師講法、多聽菩薩法教，不要去聽是非，多聽寂靜之聲，能夠增長智慧，這就是慧。所以，「戒、定、慧」可以完全運用在水陸法會服務他人的實踐，服務的當下秉持正念，不要多想，想多就不夠清淨，生不起慈悲，慈悲是要建立在大乘菩提心上的。

天人在壽命盡的時候，還是會繼續輪迴。經典中記載，有一天帝釋天的天壽將盡，便想：「糟糕！我怎麼去投胎？如果沒有一個好的佛，好的成就者的世界，萬一我投胎到五濁惡世，我就沒有智慧明達的法身可以依止了。」結果天龍鬼神知道帝釋天的煩惱，就介紹說：「人間有一個國王，叫做薩波達國王，常發菩提心，非常愛他的子民，也希望整個國家都受持十善、受持五戒。你就去那裡投胎吧！」帝釋天認為需要考驗一下這位薩波達國王，便命令邊境護守的王將毗首羯磨：「由你化做一隻鴿子，我化做一隻老鷹，我們來考驗這位國王的慈悲心。」結果老鷹追鴿子，鴿子很害怕，就竄到了國王的衣服裡面。當這隻鴿子竄到裡面的時候，老鷹就跟國王說：「你對鴿子慈悲，就是對我不慈悲，因為我也要餓死了！」國王說：「那我可以準備食物供養你。」老鷹說：「我要吃熱熱的血肉。」國王不忍心殺任何的生命，因此回答說：「這樣好了，我割一塊肉給你吃。」老鷹便說：「既然你要這樣，對我們畜生道你也要平等，我要用一個秤子，鴿子有多重，你的肉就要割多少，這樣平等地跟你換。」結果國王割一塊不夠，因為帝釋天具有廣大神通力，結果國王割到自己已經沒有體力了，昏倒了醒來再割，再昏倒，這時候國王告訴自己：「不行，如果我因為這個身的痛苦，我就迷迷糊糊，那我怎麼度眾生，如果我的神智不清楚，我被這個色身所侷限，那我就度不了眾生了。」由於一直沒辦法秤，最後他把自己全身拿到秤子上去了，也就是國王捨身了，秤終於平衡。帝釋天問著國王：

「你的心沒有後悔嗎？」國王說：「就是因為我的心沒有後悔，所以我才能做這件事，我非常地清楚，如果我沒有欺騙，我就會恢復我原來的樣子，大地會為我作證。」薩波達王話一說完，身體果真馬上恢復原貌，真正圓滿救護一切眾生的大悲願行。

因此，除了慈悲之外，還要能夠喜捨，歡喜地捨，捨到無我，能夠沒有我執，才是真正的菩提心、真正空性的領悟、能夠達到平等無分別，而這就是我們的身心所應該修持的，修到大家不會再輪迴了，就是希望能夠了生脫死、能夠明心見性。水陸法會，就是秉持明覺的心。用明明白白的觀察力打水陸、做志工，然後再根據「戒律」與「禪定」來增長修持法門的力量，來增加這份具足般若智慧的明白心，從戒定慧中，體悟宇宙所有的緣都用這顆菩提心去串連、連結，去得到這些福德因緣。生命不是只有個人，我們跟家人、跟社會、跟師兄弟、跟不同國家還有不同的世界報土、佛國，都要靠這顆菩提心來連結。因此務必記得慈悲喜捨，以無我的心、歡喜心來服務大眾、奉獻大眾，這就是佛法要給我們的戒、定、慧。

實踐「六項生活原則」

靈鷲人有「六項生活原則」，做為一個菩薩，一個佛弟子，如果在生活上能夠這樣去實踐，那在一切處都能夠受用，而且能夠讓一切眾生都得到利益。水陸法會是一個成就淨土的大法會，也是建立佛國生生世世的工作，所以我們不斷架構水陸法會的佛國淨土，志工們就是這個淨土的工程師，播種的插秧者、播撒者，也是這個淨土的主人。

靈鷲山水陸二十餘年，許多志工從年輕一直服務到現在，不斷供養金錢、時間來做志工，歡喜地修行、受五戒、禪修、誦經。

心道法師把一切的修行，一切的菩薩道，濃縮成六項生活的修行跟實踐，使大家能夠迅速獲得成就：

一心：一心，就是真心、涅槃妙心。我們要修真心，用學平安禪的方法，眼觀鼻、鼻觀嘴、嘴觀心。心無形無相，什麼都「沒有」。既然「沒有」，如何參？我們的肉團心，用肉做的，不是你的真心，攀緣心也不是。所謂的攀緣心，是你打妄想的心，善惡、不知不覺、煩惱，一切念頭都是假的，凡所有相皆屬虛妄。在以上兩種心皆非真心的情況下，剩下的就是本來的，那就叫做真心。修心可以透過禪定，聆聽寂靜無聲，如果沒有辦法練到這麼好的功力，至少學習放下。因為不是肉團心、就是打妄想的攀緣心，所以執著的東西就是要不斷地鬆開，如果執著真的很深，那就拜水陸，拜到業障懺除清淨，心就回家了。讓心回家，就是回到不執著的地方，放下的地方，讓心好好地休息。

二愛：真心會在人間開出兩朵最珍貴的花：一個是「愛地球」，環境生態的美好。把生態環境弄好，就是生態多元，這個叫愛地球；另一個就是「愛和平」，心靈的和諧，世界的和平。要禪修，讓心能夠和諧，感召的就是和諧社會，再擴大一點就是和平的世界。總之，二愛就是人與人、六親眷屬、自然、環境，及生命的靈性，都能獲得慈愛與和諧。

三好：面對北極冰山快速崩解，各國森林大火頻傳、熱浪侵襲，臭氧層破洞的面積擴大，海平面持續上升，我們要身體力行，因為每個人的思想、言語、行為都會牽動整個世界，應該有所作為，至少倡導吃素，減緩與修復地球災害的惡化。此外，多說正面積極鼓勵的言語，不惡口，自淨其意，在水陸裡面多持誦經典，多念〈楞嚴心咒〉，讓一切的心魔，還有外在的魔，都能夠安心，不要跟我們對立。這是身、口、意的收攝。

四給：給是一種供養，「給希望，給信心，給歡喜，給方便」，要沒有分別心地給。給予，要用身、口、意來執行。

五德：心態要五德。五德就是凡事正面、積極、樂觀，碰到任何一個人、一件事，都是正面、積極的，面對任何一種事情的發生或心念都要樂觀，碰到困難也要樂觀去完成，有了這三種態度，就會創造出愛心以及能量，然後實踐觀世音菩薩的願力。

六度波羅蜜：我們用六度波羅蜜檢驗自己是否布施究竟，持戒圓滿，忍辱到無我，精進不犯錯，慢慢做到不用刻意的平常心，定力在實踐這六項生活準則，最後就能見到空性，圓滿無礙的般若波羅蜜。

志工其實是菩薩化身，是真正把佛的教法、啟示實踐出來的人。水陸法會這麼多年，是因為大眾的努力，才能夠永續，非常感謝大家的慈悲，成就這個法界、壇城，希望我們能讓這個解脫的佛國世界永續。甚至不只在臺灣，還要到香港、到大陸，乃至於世界、整個宇宙，都是我們建立的壇城。每一個佛在創造壇城之前都會發願，像阿彌陀佛要創造《阿彌陀經》講的極樂世界之前，先發四十八願，告訴一切眾生祂要如何建造這個佛國世界；藥師佛在創造琉璃世界之前，也先發了十二大願才創造了琉璃世界。而靈鷲山水陸法會歷經數十載，希望每年建構出的佛國世界能永續利益眾生。

因此，要能以六項生活原則來修行，善養一念清淨心、一念懺悔的力量，繼續發菩提心觀照自己，繼續發願行菩薩道，繼續共同打造我們的佛國世界，共同一起創造華嚴世界，創造宇宙眾生可以共修的佛國。

以「寶篋印陀羅尼塔」的壇城——顯現諸佛法身智慧

水陸法會是十方法界皆得普度的一個法會，與會者心量不只是要在人上面，還要服務不同法界的眾生，所以我們的心要無遠弗屆。水陸法會壇城是依照《一切如來秘密全身舍利寶篋印陀羅尼經》中的咒文建塔（以下簡稱「寶篋印陀羅尼咒塔」）。處於這個壇城，便是處於「地」、「水」、「火」、「風」、「空」中，也就是地方、水圓、火三角、風半月、空大。具體來說，「地」有堅實、可依靠的能力，由它的作用，萬法有了具體顯現、形體的存在；「水」的多變型態具黏結的能力，它的作用是物質集合不散，滋養著世間萬物的各種生命；「火」有成熟能力，如果火消失，則世間一切事物成熟過程就會停止，火顯現於外，也就是大自然的陽光，是孕育萬物生長的能量；「風」有則動、動則不腐，沒有風，世界將是一片死寂，人們也無法運動；「空」有周遍無礙、容納的能力，以此讓一切事物具有能夠形成以及活動的空間，所以顯現空虛，具有無限包容力的特性。

一切現象的元素，離不開地、水、火、風，我們身體也是各體分立的，地如骨頭、水如血液、火似日光、風若氣脈等，這四大要形成，必定需要空間，所以空是與之相依、相互結合的。如果心能夠騰出空間，心量最大，因為它有空的體性。你的心量多大，就可以擁有多少，這是生命真諦的現象。「地」、「水」、「火」、「風」、「空」的五大種種變化，與大自然元素同步，使身心產生自在轉化的強大動力，然後進入宇宙的實相，進而達到身心進化的境界。

除了宇宙、自然界本身存在的五大元素之外，還有由生命體經由大腦發展而來的第六元素，這第六個元素就是「識」，就是大家會知道、會聽、會想、會看、會做。一切生命行為發生，都是先有想法，那個想法就是心，妄心、妄念，分別，記憶，這些都是想法、是意識。這些意識串聯了很多的種子，知道好，知道壞，這種種就叫做意識的形成，學佛最重要就是要把這個意識轉成智慧，意識和智慧是一體兩面，都是心所變現的作用，只是意識在分別裡面、在執著裡面、在幻相裡面，但是智慧就是看清楚，一切都是空跟有的一種作用，只是名跟色的作用。如此一來，充滿在一切處，這樣的六大元素組成了我們的壇城。拜寶篋印塔可以消去許多業障，而拜塔時最重要的是心，心不要想其他任何東西，因為如果心有雜念，那麼拜寶塔的功德就有所窒礙。大家在此共修《寶篋印陀羅尼經》，這部經典是佛的全身舍利，全身就是全部，舍利就是不壞、不生、不滅，因此就是一切遍滿的意思。共修這部經，能夠為一切的眾生超越時空。時間是代表無常相，我們可以讓時間的變化在每一個當下進入空間。空的相對叫作「有」，空就是時時刻刻能夠放得下、把心念、意志轉化。六大元素都有，也都沒有。有是有智慧，沒有是沒有煩惱。有跟沒有都是萬法唯心造。

活著，乃至於生活，乃至於睡覺，乃至於死亡，離不開這個心，心有兩種作用，一個叫做識，一個叫做智，前者是迷惑，後者是明白；迷惑的時候就是意識，明白的時候就是智慧。學佛的人要把心念時時刻刻照顧好，讓它是智慧不是執著、妄想。《寶篋印陀羅尼經》清楚告訴我們，宇宙世間由地、水、火、風在虛空中創造了生命體，所以地、水、火、風在虛空中成就，意識就在這裡竄流。我們結構了這個水陸道場，二十四席，上堂、下堂一切的意識就在這裡竄流，包括做為人也有人道的意識，讓一切顯現都能夠在淨土當中，都能夠在正念、誦經、持咒當中，意識喜樂、歡喜、解脫，不要執著痛苦，這是我們要做的。《寶篋印陀羅尼經》事實上就是在講「有」的形成，因為眾生迷惑，所以並不知道這個塔裝的就是千古以來，乃至於未來三世，一切十方法界、一切佛的法身，裝在虛空之中。迷惑的時候，裝滿了妄想，裝滿了煩惱，裝滿了分別意識，不知道自己就是佛。佛，祂瞭解空性，瞭解一切有畢竟空，空也能夠顯現有，所以我們要在裡面自在、快樂、不執著、不迷惑，這就是宇宙的寶篋印陀羅尼塔。

由於以「寶篋印陀羅尼咒塔」來佈置成壇城，此時此刻就像置身在《寶篋印陀羅尼經》裡面，與諸佛的全身舍利在一起。巨蛋就像是舍利塔，而我們都是佛舍利子，裝在佛的全身舍利裡，所以我們都是佛的一部份。既然是佛的一部份，就要做慈悲跟智慧的事。我們共修了《寶篋印陀羅尼經》，裡面告訴我們，要有很好、很精進的信仰，佛菩薩才會示現。舍利塔是佛的全身舍利，具有十方三世一切諸佛的能量，因此靠大家堅固的信仰力量，就能夠成就佛的顯現與我們相應，這是《寶篋印陀羅尼經》教導我們的。

在古代印度，釋迦佛涅槃的時候，有八個國家的國王，分別請了佛的舍利子去供奉，蓋了非常多的舍利塔，可是到了十二世紀後，佛教在印度衰亡，到現在其實幾乎看不太到了。現在的印度有十億人口，可是佛教徒只有幾百萬，其它都是印度教、基督教或伊斯蘭教，過去燦爛的佛國時代中遺留下來的舍利塔，現在多被老百姓當作廢棄的土堆。近來在佛陀出家的地方發現一座最大的舍利塔，現在印度政府要保護它，這也是因為佛陀很慈悲，讓它重新被世界所發現。釋迦牟尼佛在這一個娑婆世界顯現，也是警醒世人要好好珍惜，致力學習佛法，讓佛法能夠在這個世界上、這個地球上、這個娑婆世界裡再度復興。只要這個世間還有人在誦《寶篋印陀羅尼經》這個經典，佛法就不會滅亡，所以對這部經典要特別地精進。舉辦水陸法會護持正法，《寶篋印陀羅尼經》是重要的，如能精進布施，它能支持我們發心，得到一切佛的護持，有護法菩薩來護持，所求的就能心想事成、得償所願。

水陸法會志工每年可到不同的佛國世界，最有福報，因為壇城呈現了不同的佛國境界。透過各位虔誠地觀想、相信它真的是佛國，它就是佛國的實相顯現。此時此刻，我們在佛的全身舍利裡，我們都是佛的一部份。既是佛的一部分，所做的、所說的都是佛的思考、佛的意識。佛菩薩跟我們一樣具足一切元素，不同處在於，他是解脫的，我們是執著的，所以大家要用陀羅尼來轉。咒輪上面有一個一個的字，每一個字都是佛的種子，每一個字都會放光，只要大家不起無明，陀羅尼就會放光，如果再加上各位菩薩的大悲心、菩提心，它就具有加持力。我們要擴大自己的心量來迎接十方法界參與赴會的眾生，服務他們，讓這個壇場的光明照耀到一切苦難眾生的身上，讓祂們也可以得到解脫。只要大家相信佛菩薩的力量，這個娑婆世界的苦，就可以解脫。所以，信心是非常重要的。

法會期間，任何的參與者都是佛的一部分，是在佛的三身法、報、化當中，在《寶篋印陀羅尼經》、陀羅尼塔、陀羅尼咒的報土裡，是過去、現在、未來諸佛菩薩所護念的。希望大家皆能堅固智慧法身、智慧報身，一切意識都能善巧方便，來成就這場勝會。

以觀音大悲．行普賢大願

水陸法會最殊勝的，就是辦一場法界大會，十方法界都能夠光臨法堂參與這場勝會。水陸法會也是一場平等的布施大會，不管上供或下施，我們都能夠用覺悟跟菩提心來學習和供養。在一切的供養中，最殊勝的就是法供養，整個靈鷲山的水陸法會，最大的不同就是法供養。法供養就是能夠讓一切來到這裡的眾生不只是世俗的、現實的求取，還能聽經聞法。各壇有《華嚴經》、《楞嚴經》、《法華經》等等非常多經典的唸誦，正所謂「成佛法華，開慧楞嚴，不讀華嚴不知佛富貴」。能夠開展智慧的是《楞嚴經》，能夠讓人成佛的是《法華經》，能夠讓人求取出世間靈性富貴的是《華嚴經》。因此在整個水陸期間，我們應在言行中對這些經典進行交流，彼此談論佛法、研究佛法、聽聞佛法，而不論是非、不談人我，這就是擔任志工的功德。

擔任靈鷲山的水陸志工，前行必須做許多功課。要讀《寶篋印陀羅尼經》、《金剛經》和《阿彌陀經》，要念《水懺》，還共修《藥師經》，念〈普賢行願品〉。《寶篋印陀羅尼經》是在講法身，三世一切諸佛的法身就是寶篋印陀羅尼，有了法身智慧和三世一切十方諸佛法身的加持，可以開展本來的面目和覺性；念《金剛經》是要契入法身的般若智慧，去除一切障礙；念《阿彌陀經》，就是要大家把這裡當作佛國淨土、極樂世界，有極樂世界的印象就覺得是在極樂世界服務，因此自然說蓮花語、走蓮花步，自放光明，這就是極樂世界的功德，也能感召我們的親友在極樂世界裡跟著一起七日快樂共修，共同建立佛國淨土；念《水懺》，是要大家把業力轉成願力，做志工若起煩惱，整個磁場就感染業力，因此要將業障淨除，大家歡喜；共修《藥師經》則是給大家如意的，透過修念此經讓一切不順都轉成如意、轉成吉祥，藥師佛讓大家的病苦、財富、健康都能如人所望，這是《藥師經》的功德。

至於〈普賢行願品〉是為了發菩提心、實踐普賢菩薩的十大願，要有願力，做起事來才有動力，念〈普賢行願品〉，是要大家發願力，在水陸七日內都能夠實踐「普賢十大願」的願力功德。慢慢地，從念七部、二十部種下種子，讓記憶力漸漸熟悉經典，用這方式來向佛學習，自然而然可以成為眾生楷模。如果無法做到清淨不生煩惱，就要學習普賢菩薩的大願力和觀音菩薩的大悲心。普賢菩薩，普，就是遍滿一切；賢，就是比別人優秀，指的是願力比別人堅強，實踐力比別人有力。普賢菩薩的坐騎六牙白象就是六度波羅蜜，大象的四隻腳，就是能夠穩重的實踐。四聖諦、四無量心，這就是普賢菩薩，因此，一生疲累就求普賢菩薩賜予大象一樣的力量，一覺得腿腳無力便觀想有大象可騎坐，我們要有普賢菩薩堅定的願力。

每年水陸，為了讓水陸法會能夠順利進行，善緣具足，心道法師總在這個期間閉關，這幾年只要閉關，每天都會誦持千遍〈大悲咒〉。他曾開玩笑地表示，怕自己的功力招架不了，所以要事先閉關。畢竟人只要往生後就只剩下業力，什麼也想不起來。如若平日對於經咒不是極度熟悉，病時是一字都生不起，這也念不下的。誦持〈大悲咒〉，悲心成佛，就可以跳出輪迴，這一念善心，就是要突破千劫、萬劫的輪迴業，不是那麼容易生起的。所以，大家有幸學習佛法，就要把這一念善心護好，便是守護善業。

透過信仰力，以及對菩薩的信心，尋聲救苦的觀世音菩薩，祂的化身隨時都在我們身邊，當我們有痛苦、煩惱、需要的時候，菩薩會示現在身邊幫助我們。因此，要隨時念〈大悲咒〉，隨時念觀世音菩薩，隨時慈悲，菩薩就會隨時出現。水陸七日，盡量不要生起壞的念頭，壞念起，善念就難以生起，要覺照、要精進念佛，觀照自己，觀照無常。時時刻刻都觀照，這就是禪，禪就是觀照力、覺醒力。慈悲並不是口頭上的道理，要落實在行為當中。要學習真正的慈悲。第一，要關心週遭的朋友、關心自己，第二，關心眾生，把眾生當作是自己，就可以成就觀世音菩薩的千處祈求千處應，因為祂無處不慈悲，只要常懷柔軟心，時刻觀想替別人著想，觀世音菩薩便會現其願力，就不必害怕無常。

四弘誓願：「眾生無邊誓願度，煩惱無盡誓願斷，法門無量誓願學，佛道無上誓願成。」這也是菩薩對眾生的一個願力，轉換成大悲心，就是願我速知一切法，願我早得智慧眼，所以法門無量誓願學。因此，要法門無量誓願學，有空就聽法師講經；要煩惱無盡誓願斷，在升起貪、瞋、癡的時候就要發願，有煩惱就要懂放下，發願趕快脫離這個生死輪迴，要眾生無邊誓願度，在度冤親債主、祖先、親友時，也要想想自已，水陸度亡，度的是內心對生死的恐懼，早登涅槃山，就是不怕死，不生不滅，當活著時對生死都已沒有恐懼，大限來時，也不過像買張單程機票，準備飛行到諸天等候成佛，如果不能修證無苦，不僅要受人世間病症的折磨，還要恐懼生死輪迴的未知。因此觀音菩薩大悲咒的十個願力就是讓我們能夠學習一切的法門，能夠成就一切佛道，能夠斷一切的煩惱，所以志工菩薩要用普賢菩薩的實踐力、觀音菩薩的大慈悲來修持志工的工作。

所謂志工，其實就是眾生的模範生。在外壇服務有梁皇壇、燄口、齋天、齋僧、放生，還有諸經壇諸多佛事，大家做得很好，法喜充滿。做水陸前行功課的意義，是師父要我們學習、記住，不要隨便起煩惱。所以，要盡量福德因緣具足，在這期間工作之餘，多修持念〈普賢行願品〉，努力實踐普賢十大願，還要能夠常誦〈大悲咒〉，讓我們能夠跟咒音、跟觀音菩薩的護念作連結。平常就要多念佛，多修定力，戒、定、慧，佛法三藏十二部，解門、行門加起來就是戒定慧三學。戒律，就是至少五戒、十戒守好，不要違犯別人的生活就比較沒煩惱。功德主也有吃素的功課，要受持一些水陸的清規、規矩，這是戒律。定，脾氣上來，先一分禪，鎮定自己，不遷怒，不生瞋心；再來九分禪，讓疲勞退卻，恢復精神，安住己心；如果時間允許，可上一柱香，一起誦經、持咒。

觀世音菩薩以千手千眼服務一切眾生，是志工的典範、志工的總教頭。當覺得辛苦了，就觀想其法相，並持續不斷地努力。觀世音菩薩只要聽到眾生有苦就能感同身受，必然去給人快樂拔除痛苦，這就是觀音菩薩的願力。若能常跟隨觀音菩薩願力，持誦觀音菩薩內心之波——〈大悲咒〉，與它共振，久之一念便與觀音合一，就有觀音菩薩千手千眼的慈悲還有智慧力。若能持到不用力氣、不用想像都能咒音不斷，身口意就會跟觀音菩薩相應，以後身體不適無力持咒也無礙，因為自己的覺性，將會自己啟動「自性持咒念佛機」！

水陸七日，以觀音為榜樣，以普賢菩薩十大願為實踐的力量。要把一切眾生都當作佛，要習慣隨時隨地能夠懺除成佛之前自己的業障、反省自己慈悲心是否具足、對眾生是否不耐煩，要聽經、要跟善知識學習不要懈怠，將所有功德分享，隨時隨地能夠替眾生轉念，跟眾生分享普賢十大願的功德力，以觀音的慈悲力做為伴侶，以普賢的實踐力做為生活的方向，守護自己的心靈。

僧眾的態度

學習迦葉尊者——
平等恭敬．專注聽法

阿彌陀佛。阿，就是宇宙的智慧泉源，就是你們可以契入涅槃，不只是自己，一切的眾生也能相隨，因此念的時候可以大聲一點。法會結界前，可以收攝自心，讓自己法喜充滿，能量源源不絕。

「禪」這個字貼近又遙遠。當年釋迦牟尼佛的苦行大弟子迦葉尊者，在跟佛出家以前，是一位外道的領袖，擁有龐大財力，有一千多個信徒弟子跟他修道，後來，他們跟隨大迦葉一起在佛陀座下剃度修行，某次，跟著釋迦牟尼佛外出，走累了，迦葉就把他的衣服折成四折給釋迦佛坐，釋迦佛覺得那衣物好柔軟、好舒服。釋迦佛就跟迦葉說：「你願不願意跟我換一下衣服？」迦葉認為，這是釋迦佛給予的大加持，於是就跟釋迦佛換了。接著，世尊把他的糞掃衣（由破舊衣裁製成袈裟）換給迦葉，暗示了迦葉尊者從此以後的苦行。

迦葉尊者把衣服供養給釋迦佛，釋迦佛卻給了迦葉尊者自己的袈裟，這個行為，其實有一個極深的寓意：在印度恆河邊，可以看到印度人對於死亡的態度。印度人對於死亡是不特別難過的，由於印度生活窮苦，傳染病特別多，死亡反而被認為是一種重生的機會，可以超生另外的美麗新世界，不必留在人世間受苦。在恆河邊，有很多待死屋，簡單地說，就是我們的安寧病房。他們的待死屋很安寧，都在恆河旁，鄰近大自然，往生後就在一旁火化，骨灰灑入河中。不管是否升天，死亡是祥和的。

釋迦佛給迦葉的那件衣服，就是往生者死後的裹屍布所縫成，早期天主教修行也穿那種裹屍布，代表一種對死亡的解脫。所以才會說迦葉尊者拿了一件很好的衣服，換了釋迦佛的一件裹屍布的這個緣起，代表了迦葉尊者苦行的開始。

迦葉尊者一輩子以修苦行為主，在當時他是一個外道領袖，卻跟隨佛陀學習，他第一個修的就是平等，到僧團裡不管老的、小的、新出家的、後出家的，他都非常地恭敬他們。因此在水陸法會八天七夜裡，不管小的、老的、有形、無形，都要禮敬他們、禮拜他們，這是迦葉尊者的第一步，修苦行，就是先把自己拿掉。第二步，專注聽法。迦葉尊者聽法的時候非常專注，然後用佛的法要去修行。學習迦葉尊者的苦行態度，用在這八天七夜的精進裡，來供養諸佛菩薩一切有緣眾生。

學習迦葉尊者「平等恭敬」與「專注聽法」的修行之法後，要將此行儀注入於水陸法會，不管內壇、外壇，最重要的就是必須如理如法地禮拜。禮懺要具足三個主要的修持過程，才是一個完整如法的禮拜：

第一，就是自身的「發露懺悔」。發露，將自己最真實、最真誠的心顯露出來，在佛前自省，不要覺得自己全然無錯，你要發現自己有過失，要發露，在諸佛菩薩面前發露，對祂們發露我們所做的一切。趁著這七天內還沒送聖諸佛菩薩祂們都在，要勇於將過失發露，就可以懺除、清淨。我們都要禮懺空寂，禮拜自己的佛性、自性，所禮的是一切諸佛菩薩，並將其契入空性寂靜當中，這樣子的懺悔，就是真誠的懺悔。在「三十七助道品」中佛陀教導的法門裡，有所謂的「四正勤」。「四正勤」，就是已做的善要努力去增加，既已學佛，要更精進，還沒做的善，要趕快去做。水陸法會有很多不同的功德，可以提供給大家精進的參與，如有已經生起的惡，就要勇於懺悔，還沒有生起的惡，盡量能夠降服它，不再去製造，這就是四個勤勞精進的方向。要覺醒自己，也就是觀「四念處」。在法會期間，要常常靜坐、淨心，觀身不淨，觀心無常，觀法無我，而後清淨無為。觀身不淨，知道自己是五濁惡世和合的肉體，不要太執著它，不要太眷戀它；觀心無常，不要順著自己很多的心念，每一個心念都是飄忽不定的，生氣、傷心、起種種妄想都讓它過，不要留住，心念是無常的；觀法無我，觀一切的現象，一切的有形、無形都沒有一個主宰者，不要用這個自我去執著它，這樣就能夠涅槃寂靜，能夠「安身立命」；清淨無為，這是一個提醒大家修行和禮拜的方法。

第二，除了為自身禮拜以自覺之外，還要「覺他」。禮拜一切法界眾生，是為自己也為一切法界眾生而拜，這就是佛的世界，也就是「一即一切」。在拜佛的時候，是一切的眾生都在拜佛，在拜菩薩的時候，是在拜一切菩薩，這就是「一即一切」的道理。不要看你們只有一個人，當你禮拜，你一觀想，十方法界都在禮拜，這功德就很大，你會跟一切有形、無形的眾生結下很深的因緣。大家超度，就是跟這些亡魂結很深、很廣、累世累劫的緣，大家的福報就是由此而來。觀想力若大，心量就會大，心量若大，就可以包含一切的眾生，是在提升自己，也成就更多的福報。因此，大家要常把自己的心量擴大，拜懺，就是不要分別地為過去、現在、未來同時具足的一切宇宙眾生與一切法界眾生禮拜。

第三，除了自我禮拜，法界禮拜，心量擴大十法界外，還要積極地做歡喜供養，歡喜發菩提心，做個積極性的菩薩。當你們做到積極性，可以把業力轉成願力，把請來的冤親債主轉成你們的護法。人們總喜歡跟會做很多大善事的好人親近為伍，這人本來可能是你的冤親債主，本來想要找你麻煩，但親近你就有好處，反而就不好意思找你麻煩，在得到更多好處後，就變成你的護法了，這時冤親債主就能夠轉冤業，成為善業。因此，要積極地做供養、做功德，積極布施，除了財施之外，就是法布施。以法來供養是最殊勝、最無量無邊的，一切的供養都是有形有相，而法供養則是無形無相、無量無邊、無窮無盡。因此，做法會並不是財施就好，而是要自己來誦經，這個法供養才會把你無形的資產一直累積擴大，讓它能夠無窮無盡，無有時空的區隔，把這些冤親債主轉成護法，你又能夠說法給他們聽，能夠誦經給他們結緣，大家就能夠慢慢地來成就自己的善業功德。

最後，「慈悲」。慈悲是生命服務生命，生命奉獻生命，生命關懷生命。慈就是給予，布施時間，布施金錢，布施理解的佛法來服務眾生讓他能夠離苦得樂就是慈；悲就是拔苦，超拔，讓眾生的苦痛能夠遠離。在水陸的現場，供上堂、供下堂都是慈的表現，而參加放燄口，觀想鬼道眾生能夠放下貪、瞋、癡，轉成善業而投胎，離開地獄餓鬼道的苦，能夠稍稍地得到安寧飲甘露，就是悲拔苦的表現。放生也是，畜生其實膽小，牠們轉生人道並不容易，常是今生被殺，投胎又做回畜生，這是因為畜生愚癡，不斷累世累積，不知到哪一世才得以將牠喚醒，而離開做畜生的因緣，牠們有無明的恐懼，又常面臨被宰割的業報，因此我們要常思拔苦，放生因緣就是這樣來的。又比如魚，夏夜漁船燈起，每個燈光一網羅就是千萬眾生，許多魚腹有卵，個個都是生命，因此大家要生起拔苦的心跟牠們結緣，讓牠們能夠遠離無明的障礙。

要更積極地做禮拜、懺悔，尤其我們也有自己的祖先、自己的冤親債主，不論是活著的還是往生的，另外，我們的親人、家屬、先生也不是冤就是親。在自己生活當中要懂得慈悲喜捨，要懂得用柔軟心跟冤親相處。柔軟，簡單來說就是甘願做甘願受，甘願你就比較容易放下，不甘願就會產生對立。甘願放下就會解脫。人之所以無法解脫，就是因為放不下，而放不下就是因為不甘願。我們要能夠甘願，就是要瞭解佛法的道理，一切「如是因如是果」，如是因緣果報，要能夠誠心甘願地去做去承受，就能夠無為解脫。

這個時代是一個資訊通達、網路通達的全球化時代，恭禧大家生長在臺灣，能夠沒有戰爭，但在這一個時間點，不知有多少人在飢餓、在戰爭的恐懼中，我們有幸學習佛法，佛法最珍貴的就是不殺生，也就是慈悲、平等。一個佛教徒永遠要學習的就是平等無差別，無差別就不會對立，小自夫妻、母子、父子之間，大到國家跟國家，再擴張到上帝跟其它宗教神靈，一旦對立就會生靈塗炭。佛法告訴我們，我們是生命共同體，要無緣大悲、同體大悲，所以身為佛教徒就要擔負起世界和平的使命，聽來似乎遙遠，可是其實這就是人類真正的福祉。因此，除了自心發願、自心懺悔，也要為法界懺悔，要積極地發菩提心，積極地行持佛法平等無差別的大慈悲心，繼續精進。

發四無量心．實踐四弘誓願

成佛要發菩提心，特別是參與水陸法會，這個地方是大乘菩薩共成佛道的一種實修法門，也是能超越宇宙時間灑下佛國種子，連結善緣的空間。做為一個佛弟子，修的不只是人天福報，要發菩提心，徹底了知世間一切煩惱、一切生滅變化，而求取涅槃解脫，學佛才真正有一份解脫價值。所以，菩提心就是求取正確、覺悟的解脫之道，求取真正了脫生死的一份成佛之心。我們發菩提心、行菩薩道，而能夠成就佛道，菩提心是成佛的根本，也是趣入淨土佛國的因。

關於菩提心的具體意義，「菩提心」的相貌就是「慈、悲、喜、捨」四無量心，更深一層地說，也是「四弘誓願」的實踐。諸佛菩薩之所以成就佛道，都有「發願」。阿彌陀佛發四十八大願，所以成就了西方極樂世界，示現佛國淨土；釋迦牟尼佛發五百大願成就佛道，藥師如來佛發十二大願以剷除眾生病苦，最終成就琉璃佛國；觀音菩薩那句「千處祈求千處應」的慈悲願力，救度世間眾生苦厄；文殊菩薩以大智慧，善說法要，教化眾生；普賢菩薩發十大願，以次第圓滿大乘，入華嚴願海，是將行願和理論實踐於菩薩道的典範。歸納來說，諸佛菩薩所發的種種大願，都離不開發菩提心時所產生的「通願」，也就是「四弘誓願」，四弘誓願可說是一切菩薩的「總願」，即「眾生無邊誓願度」、「煩惱無盡誓願斷」、「法門無量誓願學」、「佛道無上誓願成」：

一、眾生無邊誓願度：要眾生無邊誓願度，對於一切的眾生，乃至於一切眾生的煩惱、果報我們都要發心，用法門無量誓願學為他們斷除煩惱。

二、煩惱無盡誓願斷：要無邊煩惱誓願斷，煩惱來了不要縱容它，不要跟它一起沉淪，看到煩惱就要找方法斷除它，從供養、念佛、清醒的禪修中來斷煩惱。

三、法門無量誓願學：在水陸法會裡面，種種的法門，聲聞、緣覺、菩薩道都是要學習的，誦經、拜懺、禮佛一切的法門，布施、供養、精進、禪定都要學習。

四、佛道無上誓願成：要發起身、口、意永無疲億的學習，成就成佛之因，養成這份珍貴的菩提心。參與水陸就是一份殊勝的菩提心，我們要長養它、護念它。以菩提心做為因、做為種子，用大悲心來灌溉，能夠成就無上的菩提果實。大悲心就是六度波羅蜜，就是行持一切的菩薩道。在觀音十心裡，發大菩提心、大慈悲心，最後成就的是無上菩提心，所以大悲心就是行持六度，而能夠加上種種方便，來圓滿成佛之道。

這一生來這裡，不是業力就是願力，不管怎麼樣，來到這一生，留下來的希望都是善緣。到臨終的那一刻，第一個念頭出現的就是你下一世要去的地方。因此，要懂得感恩，感恩我們的福報、善緣，甚至感恩冤親債主，當心不生仇恨就會柔軟，去投胎那一剎那的善念，就會在日常生活中養成。尤其是在水陸，有七天七夜，足以來淬煉耐心、善心、包容心，這是個很好的修行機會。

我們也要感恩，能夠不遭遇一些災劫。菩薩常說，有災難的地方，就有菩薩導引。過去迄今，佛陀所預言的地、水、火、風四種災難都有了，那便是——地震、火災、風災、水災。我們要感恩這一些災難的示現、神聖的犧牲，在提醒我們正念、正知、正見，提醒我們觀照，及時行善、及時修行，念天地無常，化為菩提心普度眾生。大家在這七天裡用正見來觀照，就會有正確的思惟，不生煩惱，彼此之間能夠相互的感恩，相互的從正確的語言，柔軟語、愛語出發，然後守護戒律，展現菩提心。如果無法提起正見，最基本的功課，就是持誦〈大悲咒〉，讓觀世音菩薩的慈悲，來幫助大家清醒、覺醒，並恆常建立在菩提心念當中。

前來參與水陸、共修佛法的功德主們，正因為擁有正知、正見，才能與一切的眾生結緣。不管身處在供上堂、供下堂、幽冥戒、燄口、放生、齋天、齋僧等等，任何佛事、任何空間，這一切的功德，都是用正念連結，而正念需要大家能夠具足正見，感恩這一切無常的發生。我們一定要精進，一定要用正見來生活，不要去執著一切虛妄的發生，這個虛妄，不管是心念、自己的色身、外在的名利財產，都是不可得。所以要歡歡喜喜、正面積極地去過著菩薩道的生活，發四無量心，努力實踐四弘誓願，在水陸期間，以法相會。

水陸功德救度眾生解脫

近年來，由自然引發的災難頻傳。不論是四川地震、美國颶風、臺灣的八八水災，還是過去臺灣的九二一大地震、緬甸地震等等這些嚴重的人間災害，都讓我們深深領悟體會到所謂的生、老、病、死、成、住、壞、空的無常世間。輪迴，是每個人都要面對的。生，我們不一定知道；死，也一樣未必能夠預知。不論身在何處，都可能面臨天災人禍的突然降臨。因此應好好地學佛，靠覺醒力成就願力來離苦得樂。因此，我們平日就應該要養成習慣，持咒、念佛、清淨，不要胡思亂想常生煩惱，隨時保持精進與覺醒力以及願力成就，許多不祥就會自然地遠離。若要生起願力，最好的方法是念《心經》，知道「色不異空，空不異色」，因此務求清淨。

透過佛法的力量、信仰的力量，可以讓一個人清淨安住，不易為人間災殃所擾。就好像緬甸，整個國家上上下下的人都學佛、信佛，賺得十塊，捐廟七塊，讓菩薩住金廟，自己願住草蓬，他們知足常樂，不管物質生活多麼辛苦，仍是淨土景象。在他們眼神中看不到嗔恨與抱怨，而是一種安然、一種妥適，面對自己的命運很泰然，怎樣生怎樣死都平靜地接受。所以學佛修行要保持平常心，當真的災難來的時候，不要去抱怨，更不要生起嗔恨心，真的放下，就是學佛，就是歡喜。這個肉體壞了，就像房子塌了，只要再去蓋一個，但不管是蓋好房子或不好的房子都是福報。當這個肉體不見的時候，來世房子的好壞，就要看今生有沒有儲蓄、行善積善。

八八水災時，臺灣死難者眾，災民流離失所。在災難現場，許多菩薩默默處理行善，竭盡心力幫助災民，大家唯一目標就是讓賑災能夠更順利地運作。每個在場協助的菩薩，盡自己一份力量，讓善行推動更為圓滿。世間人總是及時行樂，但其實人要及時行善；行善必須及時。之所以要及時行善的原因：第一，你會廣結善緣，遇到災難的時候，自然會有相助。第二，壞事不來尋，我們要常懺悔清除業障，否則容易想不開，業力拖著，便擾人神思。所以，當還清醒的時候，要培養覺醒力，否則當信心不夠時，生死容易由業牽動著，人將不知不覺徬徨，生妄念、我執，隨著業識飄流。

面對當今環境與社會的遽變，心道法師曾提出了三個看法：

第一，全球經過歷年諸多旱災、水災、風災侵擾，氣候已變，地球已然四大不調。人不調則病，環境不調則釀災，然而罪魁禍首正是人類自己。我們過度取用地球各種資源，又把資源製造出破壞原有生態的污染，讓地球的體質快速惡化，這些由人類過度索求又過度破壞的種種惡因造成的惡果，是整個人類要共同去背負的。整個大環境是相互影響的，並不是身在高山不畏海嘯，地震會引起山崩，也會引起海嘯，每一處的災難，都會間接牽動全球各地脈動。

第二，要關心社會的每一個人，每個人都有自己的本分，政府也有政府的責任，每個環節都緊緊相扣，一個鬆動，就會產生許多社會問題。

第三，做為一個佛教徒，心道法師認為要積德行善，平常一定要守住善心，不要讓這個善跑掉，有了福德資糧，就慢慢來學習覺悟的法門，跳離一切輪迴。

身為佛教徒，不論何時何地都要積極行善，都要關心所有的生命。即使是在水陸法會的舉行時，也不應忘了法會進行超薦的意義。靈鷲山水陸法會有一年正在舉辦時，恰好遇到臺灣南部發生大水災，我們以白米來布施、救濟災民，並提供超薦的牌位，大家要做的是認真、精進、念佛、誦經、拜佛，為他們收驚，讓他們有一個愉快的淨土，讓他們不要害怕，心得安定，社會就會逐漸轉好。在布施行善的當下，更要時時保持慈悲願力。以「慈」來看，大概可分為三層面向：第一層慈悲，是救拔我們的親人、六親眷屬與歷代祖先，由於我們愛自己的家人，要為他們消災，因此召盼他們一起誦經；第二層慈悲，是對其它眾生，例如我們的朋友、認識的人，也生起慈悲心；第三層慈悲，叫無緣大悲，就是對與我們沒有緣的或是草木、一切有情都使其得樂。當我們一直給予愛，接受者便得到能量。至於「悲」，便是拔苦的意思，也分兩種：第一種悲叫「愛見悲」，見是看，是見解，愛你的兒子、你的孫子、你自己的身體等等，你給予自己的家人愛，給他們拔苦，他們生病，你要照顧他們、有耐心地看著他們；第二種悲，叫「平等悲」，我愛你，你愛我，我愛你的孩子，我愛我的孩子，平等相待，更偉大的是愛你如愛己，你就是我，所以你有一切的痛苦我都會感受，眾生有的一切，我也都會感受，這就是同體大悲。

我們非但要用大慈悲的精神來愛自己，愛我們的家人，更要愛一切眾生。不論是與我們有緣、無緣都應該給予愛，也應以這樣的精神拜梁皇大壇，讓這一個宇宙世間能夠徹底取得最好的循環，並且，人人得以創造屬於自己的淨土，外在的一切，也都能夠清淨、和諧、平安、歡喜。

第二章 神聖的供養

章前序

水陸廿四席

當我們已具備參與水陸法會應有的舉止態度時，歷經灑淨、結界、發符懸幡等等一系列的法會儀式後，此刻就要真真正正地進入到神聖的超度空間。內壇從「奉請上堂」與「奉請下堂」的儀式起，就是與四聖六凡交流的時間，更是整個水陸法會最核心法事之一。我們齊心禮請諸佛、菩薩、天人等蒞臨法會，悲憫眾生，為眾生宣化佛法；經由「告赦」儀式，展現「大齋勝會」不論來自六道的哪一道，都可盡享施食供養，聽經聞法；我們再以悲心召請六道眾生前來參加法會，六道既赦，眾苦皆離。如此重要的儀式，參與的僧眾該如何完整且圓滿地進行佛事？大眾在參與的期間，又能否瞭解這場金剛壇城佛事所帶來的殊勝所在？

本章「神聖的供養」主要談的，是將水陸廿四席的意義，以淺顯易懂的方式跟大眾分享，漸進而依序地從各席位的介紹，進入自心與十方法界一切眾生的連結關係，讓大眾對水陸廿四席有深刻的認識；提醒我們供養眾生不忘「觀想」的重要，並以「三觀」來理解一切皆因緣和合，如此就不會執著，就會懂得放下；在我們不斷觀照緣起的生命歷程裡，將重新認識「萬物皆有覺性」，因而領悟了「性空緣起」的智慧；當「三輪體空」的觀念存在自心當中時，法會中「普請、普施、普度」的實踐，自然能圓滿。事實上，水陸法會內壇上下堂裡必要存在的廿四席，其實是象徵著極為殊勝的法供養，在這八天七夜的大齋勝會裡，眾人集結的福報，將在宇宙天地間流轉而不止息，乃至照應萬物。

水陸廿四席釋疑

細說廿四席之一：上堂十席

水陸法會結界之後，我們所守候與所在的地方，就是「金剛壇城」。什麼是金剛壇城？金剛，即「不壞」，金剛壇城，意指不會壞的壇城，更是空性具足的壇城，所以要用真心來守護它。即使是渺小的人道，正因為我們所擁有的真誠，得以貫穿十方法界，這就是金剛世界的原動力，來自於每一個人的真心、正念。在水陸期間所做的佛事功德，都要擁有觀音菩薩〈大悲咒〉的十心，只要有這「觀音十心」，便可以守護這個壇城，進入不生不滅的空性實相當中。水陸法會中的「懸幡」儀式，就是廣發邀請卡，以禮請十方一切賢聖都來到這座金剛壇城。再經過迎請上堂十席的佛事後，便是供養「上堂十席」。

何謂「上堂十席」？就是四聖六凡當中的四聖，四種已覺悟的聖者。上堂十席首要供養佛法僧，詳細對象分別為：

第一席．佛：這個佛包括過去、現在、未來一切的正覺者，一些大成就的佛菩薩們。我們知道世界有成、住、壞、空，每一個世界的形成，就好像生命一樣，它有初長成，有成熟期，慢慢地就會壞滅，進入空無，然後是另外一個劫波，再度地生起。成劫、壞劫、住劫、空劫，是宇宙的循環軌則。成劫的時候，先是有情眾生，也就是有生命、有思想的眾生，但是到住劫才會有佛出現；過去是莊嚴劫的時候，已經過去的佛，有迦葉古佛等；現在我們這一劫叫做「賢劫」，也叫做「住劫」，屬於末期。所以，住劫的佛，釋迦牟尼佛，是在我們賢劫的第四尊佛，未來還有星宿劫。這種種的佛在不同的時空當中度化不同的眾生。

第二席・法：包括我們所學習的三藏十二部、南傳、藏傳、漢傳，所有釋迦佛所宣說的經典，都要虔誠禮拜。包括我們靈鷲山佛弟子正逐步依序學習的四期教育——阿含、般若、法華、華嚴，這些法都是我們要禮敬和供奉的。這是上堂第二席。

第三席・菩薩：有文殊、普賢、觀音等，大家觀想所有一切本願度化眾生發心來跟大眾廣結善緣的諸大菩薩。

第四席．緣覺：指的是即使他們活在一個沒有佛法的地方，卻能夠自己去觀察因緣，而體證這個法界的實相，這叫做緣覺。

第五席．聲聞：指聽聞佛陀聲教而證悟的出家弟子，即初果、二果、三果、四果阿羅漢。從聽聞而證悟，故稱聲聞。

第六席．禪宗等諸大宗派的證悟祖師，屬於「僧」的部分。例如：天台宗智者大師、淨土宗蓮池大師等等。

第七席．論師以及智慧成就者、諸大仙人，如過去十方諸佛乃至釋迦佛未成佛時，也曾是論師，努力助宣佛化。

第八席．明王。明王是佛菩薩的化現，祂們以大慈悲心來做根本，然後發起大菩提心，用種種的方便來度化眾生，這是明王部。所以會有馬頭明王還有諸大明王。

第九席．天龍八部。就是指各部的護法神王。

第十席．是將歷代創建、中興、弘揚水陸齋法有功之人，皆將他們位列在此席。也就是在座各位跟過去曾經製作水陸儀軌的重要人物。能和諸佛聖眾同處上堂中，可見弘揚水陸齋法的功德極為殊勝，可使原屬凡人者能位列上堂。像梁武帝、寶誌禪師，還有生生世世都打水陸、弘揚水陸的功德主們，都屬於第十席。

即使生命存在於小小的一顆地球，仍然要把自己的心觀想得無量地遠，無邊地寬廣，這樣供養就會無量無邊。因此，在進行供養時，我希望大家把時間跟空間透過觀想，將其二者拉開，連接著無涯無際的宇宙，心靈也將跟著廣闊，無明自然化去無存。

當我們已經請上堂十席的諸佛菩薩來到我們的壇城，請大家要非常歡喜地在此精進、懺悔以及供養諸佛菩薩。奉請上堂的意義就是禮請諸佛、菩薩、聖人等蒞臨法會，虔誠禮請諸佛慈憫，為眾生宣說佛法。因此，在供上堂的佛事程序裡，供奉、禮佛、回向、說法、祝願，皆必須如法如禮地進行。

對於上堂十席，除了要用六塵妙供外，最重要的還是要拿內心最珍貴的東西來供養，也就是一份真心。供養的人要能夠沒有我執，要無我相，做到了就是真正的長壽佛。供養的東西再珍貴，終有一天不為你所用，因此供養的東西，要讓它擴大成永恆的實相，叫做空相，它超越時間、空間，是用你那一份真心把它串聯的。此外，供養的諸佛菩薩，祂們具足空性，什麼地方都存在，什麼地方都不執著，如此便會無量無邊。因此，大家的供養叫做「三輪體空」，用你的真心去串聯，這就是真正的供養。超越時空的供養，就是真心供養。三輪體空，就能夠成就種種波羅蜜，讓累世累劫都受用得到，貫穿起來就在這金剛壇城中，也永不壞滅。所以，大家一定要記得，我們在此時此刻此念當中，用六塵妙供連結布施、持戒、忍辱、精進、禪定、般若之六度，成就六度波羅蜜，建立起永恆不壞的壇城以及我們的真心佛國，便不再有恐怖，只有福德因緣的波羅蜜。

在法界一切諸佛裡面，是以法、報、化三身放在最前面的。法身佛就是我們的體性，每一個眾生都有的佛性，也就是「覺性」。在自己能夠覺知的整個身、口、意，我們能知、能聽、能覺，這個覺性是跟佛菩薩平等的，這也就是大家超越輪迴，可以了脫生死的關鍵，因此，更要好好地觀照自己的法身佛；報身佛，水陸壇城就像一個非常莊嚴的報土，因此大家也是跟著報身佛同在；化身佛，就是法身、報身所示現的一切行為，大家在這裡禮佛、拜佛，這一切都要是佛的變化，所以觀想是佛來接受自己的供養、頂禮，也就是跟十方法界一切的佛相應。

什麼是佛？佛就是覺者，祂就是覺悟一切諸行無常、諸法無我，涅槃寂靜的光明，這就是佛。我們還要奉請法，在三藏十二部之間，諸經之首是《華嚴經》，放在供上堂第一部，就是要大家當下成佛、當下要覺悟，看到的一切也都是佛與法，這就是所謂的華嚴；而第二是《梵網經・菩薩心地品》，在告訴我們如何成為菩薩。歷經數代佛教祖師們所制定水陸儀軌裡，更於奉請上堂十席的過程中，述說著我們應以諸佛的意念與覺性，並時時以菩薩道為模範去行善。在奉請菩薩當中，首席是文殊菩薩，這意味著大家要能夠觀想文殊菩薩的般若思想，能夠有觀空、覺空的智慧，讓人們能夠入空，也就是放下。我們要能夠放下一切的執著，能夠跟文殊菩薩的智慧相應；次席是普賢菩薩，要我們能夠勇猛實踐的願力；再次席是觀音菩薩，要有祂的悲心。

十席當中，我們還有諸天護法，只要把佛菩薩請來，就會有很多的仙人來護持祂們，來供養服侍祂們。所以大家在內壇中，一舉一動都要非常恭敬、柔軟，因為，除了你們肉眼看得見的六道眾生之外，還有看不到的諸多神仙在我們的壇城當中。因此，心要常常柔軟，身、語、意要非常如法，仙人們便覺得歡喜，更歡喜地來護持大家精進。此外，當然也有許多修行成就的聲聞、緣覺、羅漢，以及我們的祖師大德，所有歷代推廣水陸法會儀軌的祖師與願力菩薩，未來大家可以一起共修，生生世世累劫都會在一起。

奉請十席的儀式完成之後，壇城內的大眾便要起觀修，要好好聆聽主法和尚的唱誦，並且認真地看經文，要能夠讓這些文字進入我們的般若、觀照、受用當中，把最上等的六塵妙供拿出來供諸佛菩薩和諸天護法，加上憶念，觀想無量無邊宇宙之間充滿著七珍八寶，以及觀想出諸佛歡喜的種種美麗香花。萬法唯識所現，只要能夠憶念，都是真誠的示現、真誠的供養。

最後，還有一種供養是最殊勝的，叫做菩提心，也就是能夠度一切眾生離苦得樂的慈悲心，是大家可以成就佛道最好的供養。總的來說，我們要帶著一顆具有菩提心的真心，去禮佛、懺悔，一心禮懺能夠讓我們的心清淨，懺除一切自己的執著與對外在的執著，才能做到真正最好的供養。因此，在禮八十八佛洪名寶懺時，要能夠從心來禮拜、懺悔，然後做回向：「願以此功德，普及於一切，我等與眾生，皆共成佛道。」回向之後，我們好好憶念這些導師、善知識為我們說的法要，然後要能夠好好地發起對這個時代祝福，大家能夠一起生起善良，生起慈悲一切的心，祈求全球無災無難，讓眾生能夠前往神聖的佛國淨土。

細說廿四席之二：下堂十四席

誠如前篇〈細說廿四席之一：上堂十席〉一文中所談到的，只要我們用真心來結界出一座壇城，便是金剛不壞，具足空性的金剛壇城。這個空性戒壇無遠弗屆永不壞滅，就好比《一切如來心祕密全身舍利寶篋印陀羅尼經》所說的法身戒壇，即使有壞滅，畢竟也是外在的現象，不壞的唯有我們以真心結成的金剛心。我們把時空拉大，懸幡、發符，請十方一切賢聖僧於上堂十席讓我們供養。同樣的，也將進入禮請下堂十四席佛事的時刻。

什麼是「下堂十四席」？簡單來說，「下堂十四席」的前面九席是「六凡」，六凡就是六道眾生，加上第十席的「中陰身」。其餘後面四席就是照顧我們這些齋主的祖先、城隍諸神、土地龍神等等，換言之，下堂其實相對於上堂來說，與我們更為貼近：

第一席．天道：首先是色、受、想、行、識五蘊具足的欲界天，祂們修得很好，很有福報，比較具有五欲。色界天比欲界天禪定力更好，祂們已經沒有欲望這種比較沉重的負擔，但是祂們還有色相，所以還是五蘊具足，只是煩惱沒那麼重。基本上還在五蘊的輪迴當中。而無色界中沒有色質，沒有物質的執著，但是還有受、想、行、識，所以祂還會感受，還會想、還會分別，這就是意念，這就是無色界。

第二席・山神、河神：在《華嚴經》有提到主河神、主山神、主林神，這些也都是大修行者，這種廣大福報的山林大神，是地球上主自然的神祇，因此，一有動靜，可能造成災難。所以，我們請他們來應供，來接受我們的禮拜，來聽經聞法，因此在法會中要去觀想、供養祂們，如此祂們也會護持著我們。

第三席・人神、人王：包括仙道、儒道，指的是我們過去的統治者、高官，或者是修得很好的得道仙人、學問很高的哲學家等等，也就是能在這世間修持得很好，最後得以升天的人。

這是十四席裡面的前三席，也就是「天道」。天道有十善業，做天人是因為做了身三、口四、意三這十善，身三就是殺盜淫，我們不要殺生、偷盜，或者邪淫，這就能夠做天人，能夠享有天人的福報、輕安；口四就是「不惡口」，不隨便罵人，「不兩舌」，不挑撥，「不綺語」，不講那些不真實的話，以及「不妄語」；意三，就是意念沒有貪、瞋、癡，貪就轉成布施，瞋就轉成慈悲，癡就轉成智慧。總而言之，他們是從天而降的，所以進行佛事時，要以極為專注的心、虔誠的心去「觀想」他們是從天而來的，來到這座清淨的壇城。

第四席．人道：就是指你、我、大家，以及一切人道中的士農工商，一般民眾，不分職業貴賤與善惡，包含祖先冤親債主。身處人道的我們其實是很不錯的，腦筋好，有想法，又能夠寂靜下來。可惜卻因為太聰明，所以很會分別、傲慢，這就是人道的習氣，我們要脫離人道就要把這些習氣改變，因為人有思惟，有寂靜下來的能力，具有很好的修行根器，這就是人道的好處。

第五席・阿修羅道：又稱「非天」，非同類、不端正，為好戰的鬼神。《楞嚴經》講阿修羅有所謂的四大類：化生天道，胎生人道，卵生鬼道及濕生畜生道，祂會遍佈在人道、天道、乃至於餓鬼道當中。他們是佛國六道眾之一，天龍八部神之一。轉生到阿修羅道者，過去生雖無大惡行，但是輕慢心很重，非常地驕傲，不是瞧不起別人，就是忌妒心極強。所以說它是天神，卻沒有天神的善行；說它是人，雖有人的七情六欲，但又具有天神的威力。雖然阿修羅是福如天人，卻德非天人，因此死後容易墮落三惡道中。

第六席．餓鬼道：燄口鬼王，橫死孤魂，還有種種的鬼道眾生。特別是這位燄口鬼王，他帶領了無量無邊的鬼道孤魂來參加水陸法會，讓他們得以離開餓鬼的痛苦，他的地位是很重要的。

接下來的地獄道有兩席，一個是管地獄的眾生，一個是地獄裡的眾生：

第七席．地獄道——地獄的管理者：最具代表的是「閻魔羅王」，即是我們熟知的「閻羅王」，共有十殿閻羅，另有十八小王、諸司主吏亦是管理地獄的眾生。

第八席．地獄道——地獄的眾生：在六道之中，以地獄道的痛苦為最甚。地獄道的眾生，並不由母胎所出，也非因卵而出，而是化生出的。在八大熱地獄中投生的眾生，受著各式各樣的大苦。所以我們要將八寒、八熱乃至於種種無間地獄裡受無盡苦的眾生，都召請他們來應供、聽經說法，使之脫離苦海。

第九席．畜生道：指一切飛禽走獸、昆蟲蜉蟻乃至浮游生物，包括看得到這些雞鴨等動物，還有你們看不見卻幾乎無處不在的細菌等。會墜入畜生道的眾生，大多是在前世有著偷東西、借錢不還，不喜歡聽經等等的惡業，因此而墜入畜生道受苦。

至此前九席，屬「六道眾生」。

第十席・中陰的眾生：中陰身就是他前一個身體已經沒有了，下一個生命還沒開始，還沒有去投胎、輪迴，還在遊蕩，一般都是生命結束以後四十九天，這就是中陰身。如果有感應他們的形體，人道的中陰就像五、六歲的孩子，天道的中陰偏金色、黃色，鬼道的中陰是灰灰濛濛的。

中陰這一道很重要，尤其若有六親眷屬離世，在四十九天內，要特別為他們觀想，因為他受生的關鍵就在這四十九天，如果可以觀想、回向得很好，也許因為回向的功德力量，他能夠在投胎的時候，得到善的因緣。所以，大家要特別為這四十九天內，還沒投胎的中陰生眾生，為他們度拔，為他們一心觀想，為他們找到一個好的、投胎的善處。

第十一席．本寺齋家：或者也可以說是所住地的地基主。包含我們生活的這片土地上的靈祠，城隍、土地神等等。

第十二席．本寺伽藍：即是寺廟的護法神、居家神等各種神眾。

第十三席．歷代祖先：包含親眷、親友等等。各位的歷代祖先、六親眷屬等等，跟我們有關的師長、朋友與親人，都要好好地去延請。更重要的是，在這當下請觀想自己這一生已故的親人，在這一席裡，他們才是真正的主角。

第十四席．此席是歷代祖先及當堂正薦，除此，法會也會因某些特殊因緣、或重大災難等需要超薦的亡靈設立席位。

以上就是供下堂中所要供養的十四席對象。這之中，天道占了三席，第四席起，便是人道，以及你們這些功德主的親朋好友，第五席是阿修羅道，緊接著有餓鬼道、地獄道等，直到第九席是畜生道以及第十席的中陰身。餓鬼道、地獄道、中陰身以及最後的亡靈，此四者是最需要大家給他們正念的，使其接受超度而能往生善處。參與水陸法會的大眾，是需要去瞭解他們，不要感到害怕，而是要生起慈悲心，救拔他們。所以，下堂十四席的功德力是不輸上堂十席的，甚至需要生起更大的菩提慈悲心，去幫助這些受難的眾生。上堂是諸佛菩薩，下堂則包括跟人們生活最貼近、最常與之互動、平凡的各界眾生，所以要真誠無私且秉持歡喜心地去供養他們。

下堂十四席除了天界是從空中而來，地獄是從地上而出，其他的都是四方而來。因此，要好好地觀想他們從四方而來，讓他們能夠蒞臨法會，要知道每一席的特性，跟他們結下很好的善緣，他們才能夠受用。

我們認識下堂這十四席，也召請了他們，但並不是每席都能夠順利地接受召請。如前文所提，地獄眾生天性瞋心重，即使受苦為最，卻礙於固執難化，使得召請不易，此時，若能誦念〈破地獄偈〉以及〈破地獄真言〉，將更助於地獄道的眾生接受召請，讓他們可以破地獄，然後可以出席，並且接受供養及度化。

《華嚴經》中有一則〈覺林菩薩偈〉，給了我們很好的體悟：「若人欲了知，三世一切佛，應觀法界性，一切唯心造。」這句話概括了般若、唯識的基本觀點。意思是世間所有，都是由我們的心識所變現幻化的。那麼，假如我們的心不動任何念頭，這世間萬物如何存在？如此，天堂、地獄其實就在我們每個人的心裡。所以人間總說著「相由心生」；佛法總揭示著「一心十法界」。換言之，就是提醒著學佛之人，要認取我們本來的佛性，如果心中擁有包容一切的胸襟，可以創造出天堂，也可以創造出地獄，這也說明了心有多大，世界就有多大。

寬廣無量的心可以透過觀想，幫助地獄道眾生脫離苦海，因為我們的「心」可以轉化他們的惡、他們的苦，進而轉化成善念。透過水陸法會裡的六塵妙供，平等無差別的，讓他們能夠接受大家供養，自然歡喜地往生善處，在大眾虔誠誦持的《阿彌陀經》聲聲莊嚴妙音中，定能與之相應於極樂世界無量光、無量壽的光明中。

在神聖的內壇場域，我們跟著下堂十四席等六道眾生受了莊嚴的幽冥戒，這個幽冥戒就是大乘菩薩戒，要記得斷惡、修善、度眾三件事。斷一切惡、修一切善、度一切眾，就能讓大家成佛。戒師們引導我們瞭解苦、集、滅、道「四聖諦」，進而讓我們發起願力，為法界一切的眾生受菩薩戒。在這個佛事空間裡，人們親沐佛法中，猶如經過佛法洗禮的人，不只能夠化凡情為神聖的解脫力，內心應該也能生起一份輕安、喜悅，以及超越六情的光明解脫力量。讓六道眾生接受幽冥戒，除了感應、相應六親眷屬，還有種種一切有緣眾生，同時也為一切其它苦難、遇難的眾生慈悲受戒。

因此，我們要更有智慧、更具足解脫的力量來度拔他們，以受持菩薩道的堅定心念，秉持無上的願力來供養。整個水陸法會最重要的概念，就是藉由供養眾生，產生無上功德，進而度救拔苦。我們身處在天、人、鬼三界所交織而成的神聖交流空間裡，更要持著虔誠、無私地去布施供養，才能真正成就供養下堂十四席的殊勝功德。

細說廿四席之三：「天道」與「人道」之別

一切眾生都不可忽視自身具有如來的本性，具有解脫的智慧覺性，也就是說眾生皆有如來智慧德相。因此，不論天道、人道或鬼道，甚至是上堂十席諸佛菩薩，皆需以六塵妙供來供養，平等供養，使其莊嚴周遍而重重無盡，十方法界悉皆含融。

由於我們身為「人道」，是身為「六道十四席」的一份子，因此，更應該要進一步地認識「六道」，也就是四聖六凡中的「六凡」。所謂「六道」，基本上分為「三善道」和「三惡道」，前者有天道、阿修羅道、人道；後者為畜生道、鬼道和地獄道。在這裡，要特別來談談「天道」與「人道」。

很多人會誤將天道視為—法界中的四聖之一，這當然是不對的。天道雖然是累世積善而來，但在六道輪迴裡，無非是善惡參半，仍然是對於善惡有著意識與執著的眾生，不過，天道的確是六道裡最有福報的一道眾生。

在佛教的世界觀裡，有所謂的「三界」，就是「欲界」、「色界」、「無色界」。所謂「跳出三界外，不在五行中」，這個「三界」就是佛教中所說的一個基本世界的結構，而這個世界的內部以須彌山為中心，有太陽、有月亮還有許多別的星球，合起來統稱一個世界。在這個世界裡，佛教根據有情生命所居住的層次，把它們分為三界。但只要還在三界內，也都還在生死輪迴之中，沒有獲得根本的解脫。因此，想真正獲得解脫，就要「跳出三界外」，所以佛教修行的境界是超出三界的。

「欲界」有六道眾生，其中天道有六天，最靠近我們的是四大天王，也就是風、調、雨、順，我們或許覺得四大天王沒有這麼高的位階，但祈求他們是最快的，他們也最護持我們；接下來就是忉利天，也就是須彌山頂，是離我們世界最頂的地方。我們的佛母摩耶夫人就是在忉利天，也就是佛陀宣說《地藏經》的地方，上去還有四天總共六天，之所以稱為「欲界」，是因為這些天人雖然行善，不過還是要靠飲食跟欲望來作為生命的傳承，來養其色身，所以叫做欲界。那麼，「色界」又是什麼呢？色界有四天，所以叫做「四禪天」，顧名思義，就是指他們喜歡寂靜、喜歡禪定。所以色界的天人非常喜歡安靜，這也是為何我們在很寂靜、很清淨的地方，常會聞到天人的香味，就是這些色界天禪定力很好的關係，讓我們同樣在修佛的人可以感受得到。像我們平常禪定，如果修得很好，會常在禪定中看到這些天人來護持我們。

深入禪定者要保持正知、正見，否則一不小心，正念沒有升起，就投胎到天界去，由於天界太快樂，不容易了悟生死也不想返回人間修道了。例如：一進去彌勒兜率外院，還沒進去裡面看到彌勒菩薩，在外面就因為樂不思蜀而功虧一簣。縱使他們很喜歡禪定，但還有對於「色」的執著，對於形體、對物質以及聲音、影像、光的執著，這就是色界。至於，到最高的「無色界」，指的是色、受、想、行、識此五蘊中，離開了對「色」的執著，剩下「受、想、行、識」四項屬於內心世界或精神還沒有超越，就是到了無色界的境地。無色界的天人雖然沒有對於形體的執著，但是他們仍有意識、有思想的執著。

相較於天道，人道最大的特色就是「思考」，在思考中往往衍生出喜歡之心、矛盾之心、是非之心。因此，會行善也會作惡，可以成佛也可以墮落。所以人道眾生最好的方法，就是修行。透過佛法學習，要把我們的見地、想法弄得清楚正確，好好行持般若思想，能空的智慧思想，乃是最好的正法。

整體來說，天道、阿修羅道的特點是樂多苦少，地獄、餓鬼、畜生三惡道的特點是苦多樂少，所以這些法界都沒辦法專心修行；相比之下，人間則是最適宜修持佛法的地方。由於人道的特點是苦樂參半，苦境逼著我們修行，樂境讓我們喘息。在苦境的刺激之下，許多人就不得不修行了。所以「苦」可促使升起厭離心，但人間並不全都是苦，所以修行的時間也較其他輪迴道充足，再加上人間有佛法的流傳，所以修行者可以得到指引，更有菩薩們度眾生，有修道賢者僧侶的引領與提點，所以成佛之道在人間比起其他輪迴道是最容易成就的。所以，人生並非能常常走在平順的道路上，造就我們遇到困難時才會開始懂得去突破，而這往往就是開啟修行之路的不二法門。

然而，若不能超脫輪迴，就得要一直生活在六道之中；如果要超脫輪迴，則必須要積累每一世的善果福報，不斷精進自己的修佛法門，不間斷地供養十方法界，更重要的是開啟自己的覺性，緣起性空，自在枯榮，最終覺悟成佛。

如何供養水陸廿四席

平等施受・六塵妙供：水陸廿四席供養之法

在奉供上堂、奉供下堂的佛事裡，最重要的當然就是進行「供養」。在奉供上堂、奉供下堂之前，大家要攝心念佛，因為佛就是覺悟，我們持佛號，這個佛號才能夠跟佛菩薩相應，所以念佛，安住在佛號當中是最容易、最好的供養。除了念佛之外，還要發願，向菩薩的願力學習，諸佛歡喜，就會感受眾人最虔誠的供養，而願力，則是最好的供養。何謂願力？首要讓自己的心莊嚴，如此即不生煩惱，無無明是最好的供養。我們用莊嚴的心來發願，我們用為眾生受苦的心來發願，願一切眾生離苦得樂，為眾生承擔一切，就像菩薩一樣，勇於承擔一切眾生的苦，並為自己淨除障礙，學習佛法。所以念佛、發願，是我們在供上堂之前必先要有的準備與心念。

● 如何供養上堂十席？

在「供上堂」的時刻裡，我們首先用財物供養，要「竭盡所能」用一份虔誠的心，把身上擁有的拿出來供養，在這當中可能有最珍惜的寶物。此外，無論上下堂都要平等供養，期盼去做「平等」的施受。我們要六塵妙供，用最好的華、香、燈、食、寶、法來供養。「華」，即是花，佛門稱花為「華」，是象徵智慧的學習跟解脫；「香」，是能夠讓我們聞解脫；「燈」，代表光明，去除我們一切無明的障礙；「食」，自是指飲食；「寶」，是七珍八寶，請供珍珠、瑪瑙、金銀財寶；「法」，就是意念，這是六塵中最重要的。若只供養了物，但是意念紛飛，妄想連連，是不行的。意念要專注在佛號上，才是好的供養。用身、口、意與十善來供養，這叫法塵的供養。色、聲、香、味、觸、法，都能夠是妙供，就是最微妙、最殊勝的供養，這點大家最容易忽視，所以心念的供養是最重要的。法供養除了物質以及意念佛法的供養之外，也可以用贊助經典，或請經典的方式來供養。有了六塵的妙供，還有法的供養，剩下的就是虔誠的一份法界的心。所謂「法界的心」，就是一份清淨心，一份無我的心。一切供養要做到三輪體空，要契入空性，並在空性裡面結界。例如搬運供品，若沒有感受它的重量時，便是已做到了輕安，就是三輪體空，所以空性的供養是最好的相應。

在一切法供養、一切物資供養之後，別忘了你們的心念要普施回向，回向給一切的眾生，願一切眾生皆能夠成就佛道。所以，普施跟回向，是一體而兩面，普施一定要有無差別的平等心，才能夠讓眾生歡喜。

供上堂十席的上堂，除了佛、菩薩、緣覺、聲聞、一切成就的祖師大德以及皈敬佛法的神仙之外，第十席是能夠弘揚水陸、推廣水陸、制定水陸儀軌的所有菩薩，也就是在座各位，因此，大家要供養自性，繼續地弘揚水陸。

● 如何供養下堂十四席？

內壇裡，仙橋布垂掛著，上方的十四張小幡，是六道眾生的指標。另一旁備有沐浴亭，並放置一千三百件代表各類眾生的紙冥衣、裙、褲。桌上特別放置一座比任何牌位都大的「黑牌位」，上面寫著「六道群生受薦亡靈並序列於此參禮」，這是代表所有受薦亡靈的牌位。經過受幽冥戒儀式，讓六道眾生身心都得到了清淨之後，才能具足善念，尋得超脫的機會。

下堂十四席的桌上需擺上各種飯菜、水果及饅頭等供品。接下來的供養方式，原則上與供上堂的流程大同小異。不論如何，準備六塵妙供來施供給十四席，是希望所有一切眾生，能調伏瞋心，智慧獲得，進而悟道超脫。

在供下堂佛事中，有一些特別要注意的席次，例如：天道的供養，如福報極大的無色界、色界、欲界，以及六欲天、四禪天、四空天這一些天人，我們需以虔誠、平等的心供養他們，能夠獲得良善的果報；人道，在第四席，跟我們此生最有關連，想要消災，想要廣結人道的善緣，在此席時更要專注地去供養；想要超度、連結感懷我們的歷代祖先、冤親債主，或是度拔親人，就在十三、十四席；在離世距離現在四十九天以內的親朋好友，他們可能還處於中陰，還沒有決定下一世，更要特別地為他們觀想，以功德供養，這就是「中陰供養」，觀修他們來接受供養，接受佛法的洗滌，清淨罪業，使之歡喜往生淨土。不論是下堂哪個席次，哪個眾生道，皆用香、燈、華、衣食、寶、法等六塵妙供來供養他們。如同《華嚴經・普賢行願品》所說，法的供養是最殊勝的，以此法利益眾生，替眾生受苦，為眾生求懺悔，代他們受苦求取光明的自性解脫法要。最珍貴的是發無上的菩提心，能夠覺醒，能夠真正的帶領他們超越輪迴之苦。

《金剛經》提到非常多布施、供養的方法，最甚深的方法是應無所住而生其心。所以要無相布施，六塵妙供、地水火風皆是無常，真正超越的是我們的覺性，真正永恆不滅、永生不死的，是跳開地水火風而做到無我。因此，平常就要意識到肉體是無常現象的組合，是所見的外在物質。因此要無相布施，三輪體空，透過遵守三皈五戒換來清淨，當自己內心清淨的時候，習氣就不會染著，就會透視六道輪迴乃是幻化一切的因緣組合，內心自然就會平等而精進。

嚴謹就是戒律，慈悲就是我們的菩提心。不管上堂、下堂，都需施予一樣的慈悲、嚴謹、清淨，就能獲得法界無量無邊的功德利益，如此回向給我們的親人與有緣眾生，在共同的幸福、覺性、清淨的華藏世界海裡，成就覺悟之道。

以觀音十心供養十方法界

宇宙是一個意識幻化的大幻化網，當我們還沒有認識清楚以前，容易化成苦、憂、悲、喜、惱等等各種相。正因如此，才需要修行，透過修行去轉化而使之悟明心性，覺知一切。

把我們既有的見解、執著打開來，洞悉整個六道輪迴的真相，如此，在我們供養十方法界的同時，也能精進修行。在供養與超度的過程裡，我們更需要堅定的一心觀想，用觀音菩薩的十種心：「大慈悲心」、「平等心」、「無為心」、「無染著心」、「空觀心」、「恭敬心」、「卑下心」、「無雜亂心」、「無見取心」、「無上菩提心」，加上修持戒、定、慧才能真正幫助六道眾生，供養才能產生離苦得樂的功效。

首先以恭敬心、卑下心來供養他們，漸漸地我們便產生精進的無雜染心，並且因使用智慧，而產生了空觀心；無見取心，就是沒有太多的見解、意見、想法，把固執的地方放開來，就能擁有無為心、平等心，以及發起菩薩的大慈悲心，直到最後達到法界的大覺悟，就是無上菩提心了，這便是最殊勝的供養。無論供上堂、供下堂，都要意念這十種觀音的內心相貌，如果大家具足這十種心，就是觀音的化身。

至於供養，其實法界一切六道眾生也都會供養，而我們真正要學習的典範，是釋迦牟尼佛的本生裡面提到的累世「三大阿僧祇劫」。人的生命短暫無常，因此，不管長如累世的三大阿僧祇劫，或短暫如一剎那，每個人一生中，都應該善加利用時間，以有限的時間，充實無限的生命；以有限的時間，發揮生命的價值，不僅是有感於釋迦牟尼佛的累世精進，更是讓我們省思如何在極短的人生中，努力學佛，精進自己，更不忘時時供養十方法界。

過去中國很多祖師大德都會說自己曾經歷過供養或被供養的例子，例如他們在深山修行時，樹神就會長木耳來供養他；廣欽老和尚則是猴子會去摘水果給他吃，所以被稱為「水果師」；也有老虎會在門口守護修行者等等這類的事蹟，即便畜生道也懂得供養，這些都是六道眾生供養的實例。因此，要種下好的因緣來成就未來的福報，更要廣修供養來累積善因緣。

過去在佛陀時代，有一個非常喜歡黃金的人，他一輩子辛辛苦苦賺錢，賺了錢就買金子，存夠了金子，就去打一個金瓶子。又擔心遭偷竊，便將它深藏於家中，一輩子辛辛苦苦打了七個金瓶子，終因勞累而死去。然而，由於他死後對金子仍過於執著，因此便轉世蛇身入畜生道，並持續護著那七個金瓶子至生命結束，到了下一世依然轉生成一條蛇，歷經幾次輪迴皆為蛇身，直到有天突然萌生供養之心，於是想找人幫牠把金瓶子拿去供養。因此，祂拜託路過的人，請他幫忙把金瓶子拿去供養出家人，路人挑著扁擔，一邊擔著那一條蛇，一邊擔一個黃金瓶就往廟的方向走去。一路上許多人好奇，問起挑擔路人怎麼回事，而他起了傲慢心不肯答，反而讓蛇起了瞋心，心想：「這是我的金子，為什麼要給你？為什麼要布施？」就想把他咬死，卻又因為還保有供養的善根，想起這位路人，願意不計回報幫忙牠去行布施，等於是自己的恩人，於是止了心念。到達廟中，出家人為蛇說法，所以這條蛇很高興，再把所有的金瓶都供養了。最後牠就轉世到天界，之後再到人道來成就，化為釋迦佛的弟子，而這個擔金的人，就是佛陀的過去生。

釋迦牟尼佛累世累劫行菩薩道，用祂的身體去供養。每一次供養都不會去抱怨這些眾生殺害祂的身體，反而發願要度化他們，這就是一種菩提心的供養。六道群靈其實都有供養的心，也都能夠因為供養出家人而得到清淨、得到轉化。因此，佛陀具有般若波羅蜜的智慧，能以空性來讓一切眾生證得果位。同理，我們跟隨諸佛菩薩的德行，應以全然的生命與智慧來做供養，用清醒覺悟的智慧來布施一切。

奉供上下堂皆應平等心

有許多人問我，供上堂跟供下堂有什麼不同？在回答這個問題前，須得先思考一件事：佛陀在累世累劫中，曾用自己的肉供父母，曾用自己的命供老虎，我們該用什麼來供？

其實佛的供養，用的是遠離色、聲、香、味、處、法，眼、耳、鼻、舌、身、意，遠離一切的分別，完全無我地供養，沒有執著地供養，是成佛的供養，是成就的供養。如此一來，還需要去分別「上堂」與「下堂」的不同嗎？都是以最虔誠的心去供養，不論我們供養的對象是誰？從哪裡來？將來何處去？是你的親人？

是他的摯友？都沒有任何不同，都要平等供養。因此，不要去分別，也不用分別。這件事似乎很難，但請記著，若真的需要分別，就要像菩薩一樣，了知眾生的習氣與需求。我們無法具體分別，卻更要學習菩薩的度救拔苦的精神，發揮大悲願力，供養眾生，讓眾生歡喜。供上堂中的佛、菩薩、羅漢等等這些成就者最希望我們以精進心供養，精進心就是智慧，更是願力。至於，供養下堂六道眾生就是需要我們來做施食、法供等等的一切布施，一起行菩薩道。透過布施，我們能感受歡喜，同時也能反省自己對這個社會與眾生做了什麼樣的奉獻，給予怎樣的協助，時時刻刻提醒自己，不忘保持菩提心。

佛陀累世累劫行菩薩道，成就佛道後仍然度眾生、覺悟眾生，用了這麼大的供養來求無上正等正覺，是為利益眾生？菩薩們何以願意捨身供養，只為了求取一個開悟，只為了求取對眾生更有利益？在《華嚴經》裡面有個例子：善財童子五十三參之前，是因為碰到文殊菩薩啟發，而發了菩提心，祂的智慧與生命是跟眾生同一體，所以願意去布施、求道。這個菩提心不是文殊菩薩給祂的，是在文殊說法的時候，善財童子自己明心見性，了知祂自性本來的光明。因為，祂發現自己有這份覺性，有這份光明，也看到眾生同樣具有，使得善財童子希望一切的眾生都能夠了脫生死，發現如何離開輪迴的方法，遠離痛苦，行菩薩道，發菩提心。

然而，除了發菩提心，更要發願。願力是勇往直前的動力，是行菩薩道的動力，是成佛的動力。願力跟菩提心就是成佛的力量，菩提心就是禪，也是覺悟。覺悟之後，就是要找回自己。找回自己並不困難，只要靜下來，眼耳鼻舌身意不要往外，便能看到自己；只要將六根的窗戶關起，就發現自己，並且應開始禪修。禪修就是發現自己，這時候就會看到自己的菩提心，菩提就是智慧，就是覺；願力就是慈悲，更能守護一切的眾生。當我們的心去感受到眾生的苦時，就會希望眾生遠離這一切，這便是菩提心的生起。不同的因緣會發不同願力，人生遭遇也就不同。

以七法供養宇宙大覺者

水陸法會最精進的兩個重點，一個是「懺悔」，一個是「供養」。只要能夠法供養，即使還不會講經說法，至少能精進地念經，讓一切六道群靈都親近佛法，進而使心歡喜，離開無明。

學佛最重要的事情之一，就是要供養宇宙的大覺悟者，宇宙的全知、全能者，那就是佛，是水陸廿四席的第一席。上堂前三席是最尊貴的佛、法、僧，僧就是修行即將成就為佛的菩薩、緣覺、聲聞。佛有十個尊號，在南傳佛教的修行裡，常常以念珠來誦念的就是這十個尊號。這十個尊號的重要性不在祈求什麼，而是它代表著佛陀的十種修行方法、成就的結果，分別是：如來、應供、正遍知、明行足、善逝、世間解、無上士調御丈夫、天人師、佛、世尊。

首先是「如來」，如來就是佛在心性上證得了宇宙的實相，所以無所從來亦無所去，便是能夠了生脫死，證入金剛實相；二是「應供」，應供就是因為修行具足，福報得以讓大家來供養；三是「正遍知」，就是對宇宙一切都能夠具足正知正見，而且這個覺悟是遍滿的，沒有一個地方有迷惑，佛是一個全知，對宇宙世間、十方法界，都能夠清楚地覺悟，沒有一個地方能夠迷惑佛；四是「明行足」，明就是在佛法上的理解、在義理上的了解，行就是實踐，足就是圓滿，在理論跟實踐都能夠圓滿，就是佛，對宇宙的軌則能夠明白，會證得三明，而三明就是智慧：「天耳明」、「宿命通」及「漏盡明」，對煩惱不再生起了，對生死不再迷惑了。明行足裡的五行就是福報的具足。何謂「明行五行」？依《大般涅槃經》卷十一〈聖行品〉之所言，即是「聖行」、「梵行」、「天行」、「嬰兒行」、「病行」。不管從聖行、梵行、天行、嬰兒行、病行，佛一切都能夠修行圓滿，所以三明五行叫明行，都圓滿了叫明行足；五是「善逝」，逝就是對世間的煩惱能夠很快地消除，佛教相信，佛陀擁有圓滿、毫無污點的行為（正行），也有正確的言語（正語），無一切煩惱，不再生死流轉，因此稱佛陀為善逝；六是「世間解」，由於佛陀向眾生解釋了「世間、世間的起因、世間的滅盡以及達到世間滅盡」的方法，對世間的一切都能夠遠離困惑、能夠理解。

接下來的四個尊號，都展現佛陀為「師表」的特質。例如，第七尊號是「無上士調御丈夫」，是說佛陀具有瞭解眾生性情與習性的能力，所以知道什麼修行方式最適合他們，使他們都證得解脫；八是「天人師」，也就是「人天導師」。由於佛陀不只是人類的導師，也是天人的導師，這在佛教經典裡常常可以見到各界天人向佛陀請益的事例，故稱「天人師」；第九是「佛」，能夠調伏一切，能夠作為天跟人的老師這就是「佛」，佛即「覺者」，也就是了悟聖諦之人；因此，佛的最後一個尊號叫做「世尊」，這世上，佛陀是最殊勝、最無上、最值得受人尊敬的老師，所以被尊稱為「世尊」，也就是「世人所敬仰的」。所以，我們所供養的佛，是最受四聖六凡的眾生所景仰的宇宙大覺者。

至於供養的內容，主要是供養物和法供養。不論是水陸法會奉供上堂之際，或者未來要行持、修持的供養因果，在佛陀的法教裡面，皆有很多不同面向的連結，但最基本的，就是要用微細的心、清淨的心來供養，即便一個小小的供養，最後也能成就法的成就。因此，不可因為善小而不為，誠如佛陀所說真正的善，如果具足了那一份清淨心，就好比一顆小小的種子，當它長成大樹時，便能庇蔭很多人。所以，不要看種子小小的，如果它涵藏的是一份清淨的心，便是清淨的種子，它將可以庇蔭無窮的眾生，即使是物的供養，也要起於真心。

除此之外，依《華嚴經》所示，法供養乃為一切供養中最珍貴的。有七種法的供養，是超過世間一切的珍貴：第一，是「如說修行供養」，就是佛如何教，我們就怎麼去做，佛要我們守戒，就好好守戒，要我們禪定，就好好去修禪，這就是「如說修行供養」；第二，是「利益眾生供養」，乃因一切諸佛菩薩，最歡喜的就是眾生離苦得樂，所以如果你們可以利益眾生，佛菩薩更歡喜；第三，是「攝受眾生供養」，除了幫助眾生之外，還要教導眾生學佛，攝受他們成為師生、成為法眷屬，所以聽了佛法，要常常攝受眾生；第四，是「代眾生苦供養」，告誡我們要能夠替眾生受苦做為供養；第五，是「勤修善根供養」，就是眾善奉行，對於一切的善業要勤修學。比方這世間的善業，就是遠離貪、瞋、癡，因此就要精進地無貪、無瞋、無癡，真正地精進善根，就是「勤修善根供養」；第六，是「不捨菩薩業供養」，菩薩其實就是教化眾生，因此自己也要不斷地去行菩薩道，不要捨棄一絲一毫，替菩薩教化眾生、弘法利生；第七，「不離菩提心供養」，菩提就是覺，亦即每一個心念要皈依覺悟，時時刻刻皈依佛。所謂不離菩提心，就是時時有覺醒，告訴自己前述都要做供養，每一個時刻都要有警覺力，要增長自己的福德、智慧、資糧。

在普賢十大願裡面，每一願的最後就是說眾生，虛空界盡，眾生界盡，眾生業盡，眾生煩惱盡，我此廣修供養無有窮盡；只要有一個眾生還有煩惱，供養便要持續精進，於此身、口、意無有疲倦，念念相續，如此來寬闊我們的宇宙時空，來供養我們的宇宙大覺者——佛陀，這便做廣修供養，自利利他的福德與因緣。

具足三觀・性空緣起

在任何一個時間、任何一個機緣都要提醒自己：「吾即是佛，是能覺能知的佛。」要時時往內來發現自己的覺性，不要做顆無法思考的石頭，雖然很長壽，但還是無常。即使是六道中的天人，看似福報深厚，卻還是希望他們能夠聞法之後，瞭解一切皆為無常，一切的美好都會慢慢地失去，所以要聞法，得以真正的超脫自在。從覺性中，體會心外無境，不再被凡塵迷惑糾困，不為妄想所左右干擾，最終回歸一念，一念就是本性，回到當下，自在而無罣礙。

我們普請六道群靈來現場，自是要做普施，普遍的布施，包括財施、法施、無畏施。在水陸法會大齋勝會裡，財施是以食物為主。除了參與法會的大眾要非常虔誠之外，更不可或缺的是進行專注的「觀想」，讓自己的定力、觀想力、精進力使一粒米遍滿虛空，讓一切眾生皆飽滿；法施，就是要懂得「修觀」。「修觀」又是什麼？觀是觀念，將過去種種錯誤的觀念修正過來，即是「修觀」的見地。因此，所謂法施就是透過修觀，來專注冥想經文、理解經文，在這個內壇淨地裡，讓六道群靈都能夠透過我們的修觀，得以聽法而解脫。

所以，不只是財施、食物施，更要能夠用佛法來布施，用法來供養。此外，還有無畏施。例如：在供養下堂十四席六道群靈時，或許可能看見鬼道眾生，有人說會害怕，其實鬼道眾生魂魄是無法安住的，隨時都生活在恐懼中，而且諸佛菩薩都在這裡說法，因此，要做無畏施，先度自己自性的無明恐懼，要發起慈悲心，以專注的觀想讓六道群靈都能夠安定地身處在壇城上，讓他們很高興、安定地來跟我們一起念佛拜佛，聽經說法。

懂得財施、法施、無畏施是我們普施供養的布施方法後，我們要知道修觀的方法。祖師告訴我們要發自內心的具足「三觀」：空觀、假觀、中觀。也就是天台宗所謂的「一心三觀」：

空觀，就是要瞭解宇宙萬法具足空的本質。所謂空的本質就是我們所布施的這一些東西，本來也不是我的，本來無所有，取得的都是因緣和合的一切物質，一切的眾生都是因緣條件而生的，如此觀想，我們就不會執著，就會懂得要放下，持平等心。

假觀，即是縱然一切都是因緣和合，但是還是身處在這個世間。我們做為一個人，還是要如實如理的看到這一切，有食物、有六道眾生，因此要生起假觀，雖然有，是假有，是幻有。

中觀，意即雖然是空，但是歷歷在前。做為布施者，還是要非常嚴謹、如理如法地生起慈悲心，以供養眾生，方便度化。雖然說肉體是假的，可是我們既然已經因緣和合成為一個人，就要飲食。這也是六道群生各自有其執著之處，只要善巧方便來做布施，具足此智慧，如實理解，就有了不取、不捨的中道觀照。在進行修觀的時候，只要大眾有此觀想，就不再執著與放逸，便能於中道之間如理如法進行。

最後就是普度，也就是當我們如法的普請、如法的普施之後，要做回向，度化一切眾生。願以這一切的功德，回向給法界一切眾生，都能夠成就佛道，觀想他們能夠前往西方極樂世界。所以，我們對阿彌陀佛所勾勒的報土要非常清楚，如此才能非常清晰地做觀想，透過觀想才能得以圓滿供下堂。

因此，當讓具有福報、大因緣的天人都能夠瞭解一切無常，不要修到了天道就因太快樂不再往前進了；也期許轉化人道的眾生，能夠懂得分辨善惡、止惡行善；餓鬼道能夠因為大眾的施食而得以飽滿，不再飢餓；畜生道能夠接受布施，能夠轉迷為智、成就智慧；地獄道的眾生最終脫離地獄的枷鎖，讓心得以自在歡喜，這就是供下堂的真實義。

供養時就要修觀，當我們看到外在、內在一切的幻化實相，就會安住在本來清淨的真空當中，回到自心。就好比禪修時，聆聽寂靜，聆聽沒有，就是回到自心，找回自己，這就叫做空觀；回到自己，放下種種執著，這也是空觀。當可以知道外在的幻相、內在無明執著的妄想、貪、瞋、癡的種種妄念之後，也能夠安住在自心，接下來會能夠生起菩薩心、行菩薩道，從性空當中再度緣起，理解一切因緣和合緣起法，而能夠行菩薩道，成就正等正覺，這就是中觀，就是中道，超越有無，不只回到了自心，而且能夠在生活修行當中，如理如法地行布施。

對眾生的煩惱，我們要無盡地發願度化，對一切的供養，我們要觀想有一種無窮無盡的力量充滿宇宙之間，以此普度，以這樣的法來讓一切眾生離苦得樂，引導他們走向佛國淨土。

「持三德」供養六道眾生

在殊勝的因緣之下，透過水陸淨土納受了殊勝的幽冥戒，這是清淨的戒體，是菩薩的「三聚淨戒」。聚，就是種類之意，「三聚」就是指我們一切有情眾生一定會聚集的三種行為，我們叫做「淨戒」，就是把它成就為清淨的行為，就是斷一切惡、行一切善，以及饒益一切有情，能夠生生世世記憶起這樣子的一個覺性清淨。

一切的幽冥界眾生，因為煩惱業重，使得常常身處在漫無天日的黑暗當中。要透過開示，懺悔，清淨之後，才能夠納受戒體，當他們納受菩薩的戒體後，一得到菩薩戒體就生生世世都在，他們就能夠身心清淨，清淨就能夠明朗。當明白時，就不會跟黑暗相應，只會與光明同在。因此，要用這樣的磁場和力量，與所有十方法界的眾生相應，讓他們來接受供養，同時觀想自己的六親眷屬來到金剛壇城，透過清淨，納受如來的法教。

供下堂的十四席，重點有三種對象：

一、天道眾生：

天道的眾生，有清淨、安定、清涼的天人，禪定力很好，他們很喜歡安靜跟乾淨，要供養人家要相應，打妄想沒有定力就供不到他們，所以我們心要很寂靜地去感同那個覺知，就能夠供養他們，歡喜供養，讓他們能夠增長更大的善業福德。

二、人道眾生：

人道的眾生分辨力很強，要期待他們能夠頓悟，能夠成佛，能夠開悟，能夠了知自心，所以我們要用這樣子的一個心，來供養人道的眾生。

三、鬼道眾生：

鬼道的眾生，因為過去比較有貪欲的習氣，現在已經受了清淨的菩薩戒法，所以我們也要尊敬、恭敬的來供養鬼道、地獄道的眾生，讓他們調伏自心，能夠遠離貪欲以及能夠脫離堅固執著的妄念來受用我們的供養，轉化這一切輪迴的固執。

我們在供下堂時，要「三德六味，法界有情，普同供養」，六味是淡鹹辛酸甘苦，三德是般若德、解脫德、法身德：

一、般若德：

般若德就是一種智慧的觀照，雖然我們知道一切具足空性、一切幻化不實，可是，般若的光明智慧了了分明。佛的智慧分明一切，了知人生宇宙的實相，卻無所障礙、不執著，了知這一切生滅變化。這就是般若德，便是清清楚楚地知道，在假當中而有，知道有、知道存在。只要知道它是如幻、如化的，便不會去執著它。在這個時候，我們不只具足了空性的廣大力量，這種法身的威德，我們也具足了般若的智慧——了了分明，而不執著。這時候非空非有，一心三觀，便是中道、中觀。

二、解脫德：

佛所證得的妙法，能夠化度一切眾生而自在無礙，猶如佛陀的究竟自在解脫。我們學習佛的智慧，當具足了一心三觀時，便能藉此度化眾生，使祂離苦得樂而解脫。

三、法身德：

要用空性觀修而得到威德力。法身德就是一種空性的觀照能夠遍滿，那個力量和範圍能夠超越時間、空間，亦即空觀的具足。瞭解一切生滅並不真實，便能理解沒有所謂的永存供養者，這些六塵妙供也是幻化、也會消失，再怎麼珍貴，它還是生滅的。我們希望被供養的對象也能夠轉凡成聖，離開輪迴的妄想，能夠遠離從地獄的苦乃至於天界的欲樂、無常這種幻化，所以這是一種空觀的觀想，能夠證得這個法身的這種威德、這種力量。所以三德六味，就是如此觀想。

綜合來說，「看破」是般若德．「放下」是解脫德．「自在」是法身德。我們要用三德不斷來持誦〈一切如來心寶篋印陀羅尼神咒〉的加持，讓一切的眾生真的得到解脫、得到智慧、得到佛的永生力量，就是一心三德不斷總持，讓咒遍滿一切處，令所有法界十方眾生都得到解脫自在。我們要用慈悲的觀想力，能夠知道空性的力量，能夠知道一切顯現，雖然有，但是畢竟空。我們沒有執著，顯現的力量讓他們可以受用，而且可以不執著，他們就能夠超出度化，如果執著，他就在那個道裡面，所以一定要透過觀想，還要遠離一切的執著，能夠成就解脫自在。

只要心能夠觀想，便可讓眾生解脫。因此，更要專心持咒、念佛、誦經，而且專一觀注一切的供養物，讓他們得到解脫般若以及法身的智慧，進而獲得度拔。也正是一心三觀，才能夠做到真正地法供養，也就只有法供養，能夠真正地飽滿，才不會有餓鬼和地獄的苦難，受用佛法使其歡喜充滿，然後永恆地讓自我的覺性安然自在。

第三章 諸壇的啟建

章前序

報恩與祈福

在《水陸儀軌會本》中提到，「法界聖凡水陸大齋勝會」的舉行最主要採取「上供下施的方式」，所以說「何謂大齋？以食施故。若聖若凡，無不供故」。因此，透過施食來度化六道群生，通過普施來報答我們累世以來的有緣眾生。換言之，供養施食是一種「贈與」的表現，贈與需要的眾生，更是一種為他們祈福的轉化，施食贈與之間，歡喜油然而生，心中不再有戾氣時，福報便會隨之而來。

現行水陸法會儀軌的制定歷來多有修訂。然而，始終不變的是內、外壇的眾生施食超度以及佛法的宣教感化。內外壇的建立最重要的是為了讓六道眾生在欣喜飽食之餘聽經聞法，因為皈依受戒才能超脫苦痛，進而引度到西方極樂世界，可見內、外壇的設立具有不可動搖的存在意義。法會所超度的一切對象都在內壇召請，而外壇，主要是誦持大乘經典與諸懺儀。特別是外壇，除了原本的梁皇大壇、諸經小壇之外，再加入了密壇、南傳羅漢壇，使得漢傳、藏傳、南傳三乘佛法更為齊備，法會更為殊勝，功德無量。

因此在本章中，我觀察水陸法會在參與者之間的心靈變化，並且，透過對內壇、梁皇大壇與諸經小壇的聞思，讓大眾明白修持佛經的功德。並從「報土」的概念，來勉勵大眾一同種植福田，報恩祈福，讓十方法界都能圓滿成就。

諸佛壇城介紹

《梁皇寶懺》緣起與禮懺回向義

水陸法會緣起與觀音法門淵源甚深。觀世音菩薩知幽冥界眾生及宇宙之間靈識的苦，於是化現為鬼王示現於阿難尊者的禪定中，使他感受到幽冥界之苦與無常、死亡和不知所以的恐懼。因為這個緣故，阿難尊者到佛陀面前請法，希望能遠離恐懼與慈悲有效地度拔幽冥界眾生，及一切意識輪迴生死的苦難，因此，佛陀講述了關於救拔幽冥眾生以及十方靈識輪迴之苦的方法，阿難尊者也成為度拔幽冥眾生的重要推手。

水陸法會有內、外壇，外壇分為一大壇與六小壇還有密壇跟羅漢壇，梁皇壇是大壇，也是水陸法會至關重要的重點。梁皇以及水陸內壇的功德是相互彰顯的，因此對《梁皇寶懺》須萬分虔誠地禮拜與修持。梁皇是指中國古代南梁開國君主梁武帝蕭衍（四六四—五四九年），此懺法由皇帝親定，所以稱為寶懺，以示尊貴非凡。事實上，《梁皇寶懺》是中國古代南朝梁武帝召請當時佛教高僧所創建的。梁武帝學識淵博，多才多藝，先習儒，再奉道，後入佛。西元五二〇年起，梁武帝始篤信佛法，多次捨身出家，甚至曾脫下帝袍換上僧衣講解《涅槃經》，足見他在佛法研究的努力與成就。

梁武帝為中國佛教奠定了深遠的基礎，由於身份，人們稱他為「菩薩皇帝」。他喜做功德，一生有四次捨身出家事蹟；喜精進佛法，每回出家都是為向朝廷募款，透過朝廷官員捐款贖回皇帝來辦理朝政，最終收回的贖金，竟高達一億萬兩。四次出家以及還俗，都是皇帝為寺廟募款蓋廟的功德。綜觀來說，梁武帝對中國佛教發展的支持與貢獻，表現在兩大方面：一是親身修佛，二是從各方面扶持佛教的發展。例如將佛教五戒的不殺生引申為吃素，頒布〈斷酒肉文〉，禁止僧眾吃肉，自己也茹素，當時南傳仍然吃三淨肉，而大乘佛教以慈悲為始徹底茹素，開啟漢傳佛教素食傳統；對佛經更進行深入研究，尤重《般若經》、《涅槃經》、《法華經》等，並常舉辦盂蘭盆會與水陸大法會，倡導懺法，也上堂說法，更寫書、注經，歷代皇帝中以他所注過的佛經、寫過的經文最多，留下許多注疏，對於理解佛經有莫大助益。他更是「三教同源論」的創立者，認為三教可以會通，三教社會作用亦同，都是教化人為善，一舉將佛教拉抬到最高地位。在梁武帝蕭衍支持下，南梁佛教達到南朝佛教最興盛時代，對後世影響至為深遠。

梁皇壇啟建與法會進行，所依持的便是《梁皇寶懺》。《梁皇寶懺》是梁武帝為他的皇后郗氏所集，據《南史・梁武德郗皇后傳》所記載，緣起於皇后郗氏往生後數月，梁武帝於某日夢到她已淪為一條巨蟒，痛苦異常地向梁武帝求助，梁武帝遂請誌公禪師搜尋佛經，摘錄佛的名號與佛經意義寫成一部懺悔法門，共計十卷。皇后郗氏輪迴成一巨蟒，是因為她生長於富貴帝王家庭，容易起貪念、起瞋恨心和嫉妒心等五毒，所以往生投胎成一巨蟒，鱗片經常長小蟲，又有兩個頭，滑行時頭尾方向不一致，非常地痛苦，於是求梁武帝為她求懺法設法會。而誌公禪師是個開悟的人，《梁皇寶懺》是他所制定的儀軌，當儀軌制定完成，梁武帝向寶懺頂禮三拜，大地震動，佛堂的燈不點而亮，足以代表《梁皇寶懺》功德殊勝，此乃正法表象，此儀軌流傳至今，也就是《梁皇寶懺》緣起。

《梁皇寶懺》的寫成，有其重大意義，後世多依此儀軌啟建法會，延請僧人修懺，以求滅罪消災，濟度亡靈，是漢傳佛教流傳最久的懺悔法。此懺法，昔日只有帝王才能施行，流傳迄今，已是每個人都能夠參與。《梁皇寶懺》本質慈悲，代表兩個象徵意義，一是同體大悲，一切眾生苦也是我們的苦，二是無緣大慈，因感受眾生苦而生起慈悲心，有了同體大悲、無緣大慈的「大慈大悲」精神。慈悲為本的精神在於一切善因、善行，必然緣自於慈悲心，並且實際去救災、行善。因此發展出《梁皇寶懺》三個特色：第一，不殺生。吃素所感召的功德利益最大，此為《梁皇寶懺》最主要的特色；第一，孝順父母。現在是網路人際世界，六親眷屬因沉迷科技網絡，漸漸失去真實人際交流，對於父母更是疏離。《梁皇寶懺》所述便是孝順父母、尊敬師長之道。一切眾生累劫累世都曾經是我們的父母兄長，因此要廣結善緣與孝親父母，以免墮入不孝的因果中；第三，不飲酒。酒可以惑亂心智，或許可以拿酒當藥，卻不可以當習氣、嗜好，酒所造的業力異常廣泛，因此《梁皇寶懺》格外重視「不飲酒戒」。此即《梁皇寶懺》三大特色，都是以慈悲為出發的一種禮懺方法。

總共十卷的《梁皇寶懺》，內容主要分為兩個部分：前半段教導種種禮懺儀軌，後半段教導拜佛，即稱名拜懺，稱念佛名、禮佛懺悔。禮懺重點有六：第一，皈依三寶，即佛、法、僧三寶，由皈依而產生信心；第二，禮懺：每個需要懺悔救拔的眾生都有一本自己的「苦經」，禮拜懺除生、老、病、死苦、五蘊苦等，懺除清淨之後，自然能發菩提心。《梁皇寶懺》所示，對於過去種種業因、業果必須出離，對於每個眾生、每個緣起都能去觀照，能用佛法消化它，此即「懺悔」；第三，發菩提心：一是見人有苦，發心救度令他離苦，從世間的執著出離，可稱為「世俗菩提心」，二是要隨時讓自己覺知生命的真相、長智慧，發願成佛的「勝義菩提心」；第四，解冤解業：六道中曾因貪、瞋、癡、慢、疑與你結冤結仇累生累世的怨親債主，都能因為懺悔清淨而釋懷、化解怨結；第五，發願：發願不再輪迴，往生極樂世界，今生成佛，今生要向今生度，不待來世度此生，此即大雄大力，大威德的境界；第六，回向，回向有三：第一，回向自己。屬於自力，自己回向自己能夠覺悟；第二，回向眾生也能覺悟。第三，能夠自利利他皆圓滿。

關於回向菩提有一個小故事。在佛陀時代有一個大功德主叫波斯匿王，因為一直不斷地供養佛，而認為自己功德非常大，於是故意問佛關於他供養的功德。佛陀聽聞波斯匿王的疑問，給了他一段話做啟發，祂說：「我以前供養了八十萬億的羅漢，但是當時供養八十萬億羅漢的功德，只夠換得一個小小人身，功德如此地小，不夠用的。後來我之所以能夠成佛，是因為將這些功德回向菩提而來的。」意思就是說，我們要有智慧地去進行布施。《金剛經》說，所謂布施即非布施，所謂莊嚴佛土即非莊嚴。我們不能只是做有相的布施，不執著在供養的多寡，與多少功德。如果沒有進入覺性菩提裡面，這一切再多的功德，都是不夠用的。縱然我們年年參加水陸，所累積的功德比起生生世世輪迴的業力，也是微小的，只要是有相的功德，它絕對是生滅的。所以大家學佛最終要回向菩提，真正的回向就是實相的回向，也就是要回歸自性佛，讓自己做聰明人，有智慧的布施、精進、拜懺。透過我們的戒定慧將戒律守好，清淨自己，要常常能夠覺觀。我們要有定力，因為我們放下的心很少，定力太短暫，而無明的意識如瀑布洶湧而至，每一念都是引領我們去輪迴的，我們清醒的時間不多，所以要靠禪定來增加我們清醒的能力。學佛不容易，大家要把自己的光明覺性把持好，就會有智慧、有解脫力，這就是勝義菩提心。

《梁皇寶懺》是以慈悲為本的一個懺法，所以要把慈悲的精神拿來禮拜梁皇。發自內心的慈悲，圓滿對自己的慈悲，對親人的慈悲，對一切眾生的慈悲，這就是《梁皇寶懺》的核心意義之一。

如來心的功德

《寶篋印陀羅尼經》，全名是《一切如來心祕密全身舍利寶篋印陀羅尼經》。經由〈寶篋印陀羅尼咒〉所形成的寶篋印陀羅尼塔，又叫做「五輪塔」。《寶篋印陀羅尼經》的緣起，是佛陀有一次受到婆羅門的應供之前，在路上遇到的因緣。祂看到很多廢棄的佛塔都長滿了雜草沒人顧，這時候佛陀掉眼淚了，祂說：「這個佛塔裡面充滿了十方三世一切諸佛的全身舍利。」佛陀感嘆這些佛塔的殊勝，卻廢棄而沒有人管它，甚至長滿了雜草。其實，我也有同樣的感嘆。有一年去印度朝聖，我們去到釋迦牟尼佛出家的地方，如果經由政府開發，就會整理得很漂亮，如果沒有開發，那些佛塔就真的長滿雜草，許多孩子在上面玩，丟滿垃圾，就如經典裡所說的。如果沒有佛法、沒有學佛，就不知道如何恭敬禮拜佛塔，這就是眾生的無明、愚癡，不知恭敬。

我們非常有福報，生在有佛法的地方，而且還可以有健康的身體來奉獻時間做志工、或是做供養祈福的功德主。在我們結界的壇城裡，包含了欲界、色界、無色界的一切，透過黃、白、紅、綠、藍等顏色，以及方、圓、三角、半月、水滴等形狀，分別代表地、水、火、風、空，排列成我們的「寶篋印佛塔」。我們讓它莊嚴我們的壇城，就好像我們在裡面。之所以如此重視《寶篋印陀羅尼經》，是因為經典裡有特別提到誦讀這部經典、持誦這個咒語，我們就有五種最主要的功德：

第一，得到一切龍天的護持，這是佛陀交代的。所以，在危難的時候，要念這個咒，就會得到金剛護法的保護。

第二，它的利益是能夠滅除我們千年的生死重罪，累世我們造了很多惡業，透過持誦這部經典，我們可以滅除河沙重罪，轉換我們的罪。

第三，只要看到這個佛塔、禮拜這個佛塔、持誦這部經典，就可以免於地獄之苦，離開墮於地獄的因緣。

第四，它會免於一切的傳染病，惡病，寒病、熱病。現在很多熱病，容易傳染、容易擴散，像瘟疫一樣。持誦這部經典就可以免於這些不好的或是傳染的疾病，能夠守護我們、保護我們。

第五，也是總結前述，稱為所求如願。如果有什麼希望，有什麼想法、願望，只要持誦這部經典就可以滿願，滿足所求。

這五個功德就是《寶篋印陀羅尼經》最為殊勝之處。因為，這五大殊勝的功德，每年水陸法會之前，心道法師都要大家做功課，修持這部經典，能夠讓我們身心清淨，而且得到護法的護持，並遠離一切苦難。

此外，何謂「一切如來心秘密寶篋印全身舍利」？「如來心」就是「秘密全身舍利」。佛的法身是無量無邊的，所以全身舍利就代表無量無邊的法界，就是說無量無邊的法界都是佛的身體、佛的舍利，包括你們、包括這個空間。因此，當下就是佛、當下就是佛國淨土。你們都是一切如來心，一切佛的心都在這個當下，我們在佛裡面，佛在我們心裡面，我們跟佛菩薩相應在一起，緊密地連結在一起。

我們的壇城以「地、水、火、風、空」五輪塔來表現，象徵著我們小自一個細胞，大至整個身體，大家都是由地、水、火、風、空所組成的。佛跟大家都是由這五大元素組成了我們的身體，組成了這個世界。這個五輪塔，「地」是方形的，代表堅固不動；「水」是圓形的，水的形狀隨著所處之處改變，與其融合，因此代表圓滿、代表圓融、代表隨緣；「火」是三角形，代

表一種力量；「風」代表一種隨緣變化；「空」則代表著這個宇宙的生起，一切都是從空生出來的。所以地、水、火、風、空它就組合了不同的人種、不同的個性，一切都是因緣和合，都是五大元素所組成，是一種組合體。我們要找到不變的、永恆的、不會去輪迴的東西，就是如來心，也就是佛祖的心，就是我們當下發心，能夠聽、能夠看的這個覺性，我們要去認識它、要去瞭解它，然後我們就知道這個宇宙的組成，我們可以看清楚，我們會有智慧知道這是因緣和合，我們就能夠不執著，能夠知道煩惱也是自己生出來的、自己找的。這就是寶篋印陀羅尼要給我們的一個啟示，無論是廢棄的古塔，還是莊嚴的五輪塔，它離不開如來的秘密心印。

靈鷲山宗風是慈悲與禪，與《寶篋印陀羅尼經》結合來看，「禪」就是一切如來心，把它放在宇宙空間裡面，就是全身舍利寶篋印陀羅尼。「如來心」即覺悟的心，就是守護好我們的心靈，然後擴大出去，便成了慈悲眾生，也就能慈悲地、水、火、風、空所組成的世界，這個地球、這個娑婆世界乃至擴及一切的宇宙形成，都能覺知到慈悲的力量。所以慈悲地球離我們不遙遠，只要我們守護好我們的心靈，常常生起感恩的心，對地球就有感覺。

我們現在踩在地球上，呼吸著地球的空氣，隨著地球轉動而有白天晚上的分別；我們吃著長在地球上的糧食，用著從地球某處抽取的石油讓車發動，我們一切都是取用於地球，因此，為了人類永續生存，我們要慈悲地球。如果人心充滿了貪瞋癡，過多的慾望會造成過度消費，形成浪費，一個人的慾望看似只消費地球一點點，然而全球人口總數加起來，對地球的消耗、傷害就很嚴重，地球來不及恢復，就產生天災、地震、暖化，所以要從心做起，守護好心靈就會慈悲地球，守護好自己就會慈悲眾生。因此，《寶篋印陀羅尼經》就是在告訴我們地、水、火、風、空組成了我們肉體，組成了這個世界，但是離不開如來心，一切如來心都在地球這個大的舍利塔裡面，如同生命共同體，我們在此，要恭敬以對，盡心守護才是。

淺談水陸八小壇

秉持著慈悲心、歡喜心、關懷心參與水陸法會是必須的。靈鷲山水陸法會內壇背景是以《寶篋印陀羅尼經》的意涵為主，並有一百零八個寶篋印陀羅尼塔，塔是根據佛經如法如禮去打造，有八大金剛、八吉祥、五冠佛種種經典上所要求的殊勝。經典有云，若能拜塔、供塔，能得到一切善逝如來與龍天的護持，消除一切瘟疫、疾病、災難。

整個水陸法會就是一個宇宙大壇城，包括內外壇，梁皇是外壇最大壇，重點有三：第一，懺悔自身所造一切；第二，為所有有緣眾生、往生親友、冤親債主超度；第三，為他們來聽經說法，聽法學法。到這裡必須淨化自己，懺除自身所起的貪、瞋、癡種種煩惱，要洗心精進懺悔。生為人身很有福報，不像鬼道眾生極苦，食物入喉成火無法吞嚥，欲語無可言說，畏光怕吵，生活於極痛苦的意識情境下，因此要為他們行善、念經，幫助他們轉開心念，只要他們貪、瞋、癡的念頭轉為柔軟、善良，就能夠放下執著去投生善處。善用水陸為他們多做功德，多誦經，讓他們能夠放下輪迴的業識，轉世投胎。

水陸法會除了梁皇大壇，還有誦念諸經各小壇，有華嚴壇、法華壇、楞嚴壇、淨土壇、藥師壇、諸經壇，靈鷲山還有密壇、南傳羅漢壇。靈鷲山的水陸法會外小壇共計八壇，每壇的啟建都有其殊勝意義：

第一是「華嚴壇」，華嚴壇只能夠由僧團當中的老和尚來誦讀《華嚴經》，因此要發願累積福報做大丈夫。《華嚴》是講述佛的境界，釋迦佛證量的顯現以及如何成佛的信解行證法要，都在《華嚴經》呈現。其實水陸法會就是華嚴大會，華嚴的精神，四個字：「一心法界」，就是我們的一心跟十方法界等同，無論是時間或空間，一個心念便會相應於法界，所以一小顆微塵就包括宇宙三千大千世界，一個心念就是涵蓋宇宙。因此，華嚴就是在講心跟法界的關係，把宇宙講述得很清楚，然後回攝到我們的心念。我們學習華嚴就是學習當我們的心包太虛，就能夠擁有宇宙，學習《華嚴經》，就知道去十方佛國的方法，世界宇宙如何來去、如何生滅，如何顯現而圓滿無缺。

第二是「法華壇」，就是講授記成佛，只要你發菩提心，佛陀就會給予授記，意思是未來何時何地成佛，早已預約好。喜歡插花，就說你會去香花佛國，喜歡烹食，就去香積佛國，每個人都在自身有緣的地方成佛。《法華經》以故事為主，最容易懂，而〈普門品〉也是《法華經》的一品。佛祖說眾多故事，是要大家跟隨祂的腳步成佛。《法華》意涵主要是無論聲聞、緣覺、菩薩乘，三乘終歸佛乘。釋迦牟尼佛來到人間的因緣，就是要眾生入佛的知見，進入佛的覺悟，佛告訴眾生空性無我的道理，這是《法華經》想要教導的。每一個人都有佛性，佛祖告訴眾生，我們本就是佛，原來都像天上星星一般光亮，然而每天的煩惱將光亮遮去，這就是《法華經》想說的：眾生本具佛性，發菩提心，自心是佛，行菩薩道，自心作佛。

第三，「淨土壇」。淨土壇主要誦《阿彌陀經》，《阿彌陀經》則是講述前往極樂世界的方法，教導念佛法門，並告知目的地極樂世界的模樣。要想超度亡者，自己也要清楚極樂世界模樣，跟冤親債主說清楚，才能正確走向極樂世界。所以「淨土壇」主要是超度回向西方淨土。一心專注念佛希望往生西方，單純念《阿彌陀經》跟佛號，感召生淨土的果報與阿彌陀佛的念力。

在此分享一個佛陀的故事。古印度王舍城，是當時印度最富有的一個城市，頻婆娑羅王看到淨飯王的兒子悉達多太子路過他的城，詢問太子欲往何方，太子回答他要去修行，這時他直接說：「讓我頂禮你吧！以你這麼有智慧的太子，你一定會成就。當你成就以後，一定要來度化我和我的人民。」佛陀成就以後，果然去王舍城度化這個頻婆娑羅國王。國王非常虔誠護持，二話不說，蓋了第一座佛教的寺廟竹林精舍供養佛陀。佛在那裡講了很多經，但因業果因緣的關係，頻婆娑羅王的兒子阿闍世王子為了篡奪王位，就將他的父王囚禁，國王的夫人韋提希不願國王餓死想要幫他，就每天將身上塗滿了蜂蜜，當去探望國王時，國王就可以舔蜜而不會餓死，可是被兒子發現，因此也被囚禁了。韋提希非常地傷心難過。由於從頻婆娑羅王的監獄窗戶看上去就是佛陀說法的地方靈鷲山，因此，她每天看著靈鷲山跟佛陀祈禱，在她將要往生時，佛陀就以神通力帶著阿難跟目犍連示現，出現在韋提希的監獄裡面，為她講《觀無量壽佛經》，講日出時怎麼觀西方，怎麼從圓滿相好阿彌陀佛的圓滿腳開始觀，觀出阿彌陀佛以及極樂世界。佛陀教韋提希修福氣、十六觀，觀極樂世界阿彌陀佛，讓她專心，否則面對兒子如此對待父母，念佛易分心。所以，要用觀想讓心念能專注，從專注中去除大煩惱，而能發願往生極樂世界。後來因果循環，王舍城阿闍世王也是被兒子殺死，相承了五代子殺父的輪迴。佛陀對韋提希說法，就是這部《觀無量壽佛經》的緣起。

第四，「楞嚴壇」。楞嚴壇就是修行時可能會發生的問題，從你的心念、禪定境界的不同所會碰到的問題，開悟以前會碰到什麼問題，都在楞嚴壇裡能找到答案。明憨山大師有語：不讀

《華嚴》不知佛家之富貴，不讀《楞嚴》，不知修心迷悟之關鍵。若想知道佛的智慧，要讀《楞嚴經》；想瞭解如何不被外道所侵，不被邪魔所擾，要誦讀〈楞嚴神咒〉。所以《楞嚴經》極為重要，告知人們修學禪定不走火入魔的方法，並教導如何找心，如何能於修行過程中檢驗證量。

第五，「藥師壇」。藥師佛發了十二大願，希望到祂的國度裡的眾生都沒有病苦，遠離災障。除了病苦的去除，藥師法門也有添福增財的功德，因為經文裡有提到，藥師佛是基於悲憫一切貧苦眾生的悲心，發願要幫助一切眾生得到福報財富的，而且不只是世間財富，出世間的法財也要讓眾生受用無盡，所以也有向藥師佛求財之說。另外，此壇中還有《金剛經》，大家要得如意之前先學般若波羅蜜多，先學能空的智慧，《金剛經》就是用空性來破除一切障礙，你的心空了，也就沒有什麼可以傷害我們，這就是《金剛經》，《金剛經》是智慧之王；另外，還有《梵網經菩薩心地品》，講十重四十八輕戒，水陸法會的殊勝，除了誦經，還有求戒說戒，誦經裡還有這一部講求菩薩戒法，所以我們應該好好召請有緣眾生、有緣六親眷屬聽經聞法，讓他們這七天多多的受用佛法。

第六，「諸經壇」。諸經壇，念不同的經。靈鷲山水陸法會的諸經壇，壇城供奉的主尊是釋迦牟尼佛。奉誦經典為《圓覺經》、《金光明經》、《無量壽經》、以及我們前面提到的《觀無量壽佛經》等。《圓覺經》內容是佛為文殊、普賢等十二位菩薩宣說如來圓覺的妙理以及修止、修觀、修禪的方法，是修行止觀禪定法門一部重要的經典。心道法師在寂光寺的關房中寫上很多《圓覺經》的偈子提醒自己修行，經中過去說的是二十五種清淨定輪，十二個菩薩有次第地給修習止觀雙運的禪定修學法門；至於誦讀《金光明經》，國家都可以獲得四天王守護，能夠止息世界上的暴力與戰爭，可以為人間帶來和平，是極重要的法門；《觀無量壽經》是佛陀應韋提希夫人無心娑婆世界的請託，分十六觀的次第觀極樂世界的經典，透過對經典觀想的過程，使修行者不會錯認境界，現前與極樂世界相應。總而言之，諸經壇的啟建，是要讓參與法會者時時不忘佛法的修持與精進，並且透過這些經典的修習，可以證得無我的空性智慧。

第七，「密壇」。除了依照《水陸儀軌會本》規範的各壇外，靈鷲山水陸法會於二〇〇一年起增設以金剛乘（藏傳佛教）為主要對象的「密壇」，超薦、修行並重。「密壇」於佛事進行時，恭請藏傳佛教各教派法王、仁波切與高僧大德共同主壇舉辦息（息災）、增（增益）、懷（懷愛）、誅（除障）等四種圓滿事業修法，殊勝意義非凡。「密壇」是秘密壇的略稱，是修行密法之壇。密乘的仁波切跟喇嘛們會完完整整七天修息、增、懷、誅。息災，息滅我們的災難；增益，增長我們的財富健康；懷愛，能夠讓我們修這些法取得更多的善緣；誅，去除業障。因此，我們水陸法會密壇是集合密教：息災法、增益法、懷愛法、除障法四種事業修法，為亡者超度，闔家消災祈福。

第八，「南傳羅漢壇」，簡稱南傳壇、羅漢壇。緬甸是南傳佛教盛行之地，因此，靈鷲山水陸法會於二〇一三年起增設「南傳羅漢壇」，此後靈鷲山水陸法會三乘圓滿。這是為了接引一切眾生因緣修行，令三乘法教具足所設。羅漢壇供奉的是釋迦牟尼佛，奉誦南傳《大藏經》經論中最重要的部分，分為兩種：一是《發趣論》，二是《大護衛經》總集。佛陀在《發趣論》二十四緣裡清楚地告訴我們，法與法、心與心之間前後相互關聯的各種情形，跟隨著佛陀的智慧思惟並理解這些道理，也能像古聖先賢一樣證得阿羅漢果，它是佛陀一切種智的最佳證明，告知人們「沒有一個『我』，沒有一個不變實體的存在」概念。換言之，就是沒有所謂眾生，只有身和心的連貫互動過程，是純屬法性的生滅現象，以及這些現象發生的主要因緣；《大護衛經》總集則具有排除不幸，達成一切成就，使痛苦、怖畏、疾病等消失的護衛作用。只要念誦者、聽聞者對三寶要有信心、持戒清淨，便能發揮應有護衛效力。

這八小壇佛事，都當盡量參加與學習「既已入寶山，莫要空手回」廣結十方法界因緣，走出壇城就會腳踩蓮華而行，妄緣離去，一片祥和。

外壇佛事介紹

外壇佛事悲願平等

在靈鷲山水陸法會中，我們有許多佛事要進行，例如齋天、放燄口、放生等等。古德有各種儀式儀軌的發展，一定有它背後眾生所需要的地方。《梵網經菩薩心地品》便提到：「一切男子是我父，一切女人是我母」，生生世世六道眾生都曾是我們的父母，所以看到眾生有苦，我們就要救拔。而佛事的進行，就是最實質度化眾生的方法之一。

至於齋天、放燄口、放生如何進行？首先是「齋天」。「齋」字，一般在佛陀時代就是齋戒，持齋是為了「布薩」。所謂「布薩」，就是自我反省日，大家要去佛堂誦經，共修菩薩戒，並且反省自己修行是否認真，是否違犯很多不應該違犯的事。慢慢地，這個「齋」就變成請客、供養的行為，所以，我們就是打齋。齋天時要做布施、持戒、修定等功課，這才能獲得天神的護佑。齋天，在佛教的儀軌又叫做「供佛齋天」，「天」是指諸大天人，像是帝釋天。《金光明經》裡，佛有特別提到，這些天人其實都已經皈依佛也發了菩提心，祂們常常到世間巡視，並護持有德行的修行人，我們並不是禮拜祂們，而是恭敬祂們，佛教徒不拜天，但是恭敬龍天護法，所以齋天，就是因為這些天人先皈依三寶，供養三寶，祂們才會來接受齋供，而在齋天之前要齋僧，因此我們設了齋僧大會。要皈依三寶，供養三寶，然後得到龍天的護持，這就是如法如儀的。

更進一步地說，齋天就是要齋天人菩薩，每半個月的第八天，（就是初八），十四、十五、廿三、廿九、三十日，這六天是四大天王跟祂的太子會到人間來巡視，人們行善作惡事蹟，並寫入功德簿，如果人間作惡多，天人較不歡喜，阿修羅眾就比較多，世間就比較多鬥爭跟戰爭，如果人間為善多，天人歡喜，我們就比較有福報，比較有護法，六齋日就是這樣來的。六齋日除了要吃素之外，還要反省。在大眾懺悔的日子裡，出家人聚集起來，在佛菩薩面前反省一個月來有沒有行善，並且，天人會來巡視，決定是否讓該地區風調雨順，還是戰亂連連，這就是齋天的意義。又有分為大齋天、小齋天，小齋天是將《金光明經．齊天科儀》裡一些經文變成儀軌供養天人，很多經典也提到其實天人是菩薩示現來的，這是齋天的功德。因為天人都很長壽，有的在中國就慢慢演變成為了求長壽的供養。

相似「齋天」的儀式作法與意義的，還有「齋僧」。因為，十方法界都需要去供養，所以除了天人，也要供養法師。我們常說四事供養，指的是飲食、衣物、臥具、醫藥。四事供養，整個僧團會依照戒律，有適當的分配，這就是齋僧。除此之外，齋僧還有另一個因緣，在《佛說盂蘭盆經》有記載，目犍連看到祂的母親在餓鬼道被倒吊著非常痛苦，目犍連看到母親的痛苦，用他的神通送一碗飯到餓鬼道給母親吃，但飯食一到喉嚨就變成火，所以就去向佛陀求救，佛陀要祂齋僧，尤其要在七月十五，結夏的最後一天。

七月份，來到中國民間信仰變成超度、中元普度，在當時是因為印度雨季四月十五開始，萬物開始要生起，雨季來了，所以四月十五開始到五月十五、五月十五到六月十五、六月十五到七月十五，這三個月就叫結夏安居，出家人不外出，怕會踩死這些生靈，所以就在道場裡面修行、結夏，誦讀經典、禪定，三個月閉關下來就非常有能量，很有智慧、很有定力，在這些出家人具足智慧跟禪定的同時，正好來供養他們。當時佛陀規定出家人接受供養時，首先要觀想供佛，然後觀想讓供養者他的現世父母跟七世的父母，無論在任何一個苦難的六道裡面都能夠受用到這些食物，而且能夠因為這樣子而得到解脫，所以大家會在這個時間供養出家人做齋供。《佛說盂蘭盆經》裡面保證現世父母跟七世的六親眷屬能夠因為這個供養得到救度，所以若於七月時看到法師盡量供養，法師也會攝受自己，能夠更精進，這便是水陸法會的齋僧。

至於「放生」，我們水陸法會將「放生」植入於法事的一環，是因為放生的起源就是為了慈悲心的實踐，許多佛教經典裡，都有「放生」的說法。對於放生，我們要很有智慧，第一，不可以說出地點，否則那裡的眾生因為你要去放生就都被抓，反而變成放死，第二，不可以固定日子、時間，當人們知道放生的日子、時間，就會有人坐等漁翁之利，依然變成放放死。這是梁武帝時代，古人看到的問題。所以慢慢在中國就有很多放生池，這是大家有慈悲的心，而不是為了求取利益。從十幾年前去斯里蘭卡救災以後，我們就去放生牛，但是牛都被抓再以高價回賣。以前想要放生牛，都是去屠宰場買下病牛，再請種田的人好好照顧，送給他們耕田之用，讓牛安養。如今，那裡已成為放生牛的專業公司，並且養許多牛來放了，然而，事實上放生真的需要智慧，因為放生與生態環保是息息相關的。例如，淡水魚就該讓牠回到淡水去，鹹水魚就該讓牠回到鹹水裡，不能不顧及牠的生活習性，讓牠反而無法存活，放生變放死；家中寵物隨便野放，牠沒有求生的能力，終究是死。這是放生時我們該注意的事，大家要有智慧的放生，這就叫做放生的功德。

放生儀軌其實從宋代逐漸流行，由於宋明兩朝經濟活動蓬勃，從社會文化到庶民經濟，呈現多元的發展，中產階級快速成長，使得他們願意花費更多的時間與金錢來進行法會儀式的圓滿。在求得佛給予庇佑及福氣增長之餘，願意大量收集想要放生的動物，以及齋天所需要的素食齋供，都需要經濟上的支援。也因此，「齋天」與「放生」自宋明以後流行至今，仍然成為法會中常見的儀式進行方式。《大智度論》有云：「知諸餘罪中，殺罪最重；諸功德中，不殺第一。」由此可見，殺生是最重的業。我們參與放生儀式來讓自己延壽，並免除戰爭、鬥爭的痛苦。印光大師說末法時期很多媒體都會批評放生，然而佛陀告訴我們要尊重生命、愛惜生命，因此必然能夠研究出一套對眾生生命最好的方式進行放生的儀軌。因此，靈鷲山放生時都會考慮到生態，針對魚或鳥類適合生長的地方放生。放生有很大的功德利益，尤其是戰爭、災難連連的地方，特別需要有放生這樣子的佛事來進行，以慈悲消弭乖戾之氣。

放燄口，在《佛說救拔燄口餓鬼陀羅尼經》中有記載，佛陀有一次到迦毗羅城去開示時，祂的弟子阿難尊者在靜坐禪修，到了半夜，餓鬼出現在阿難的面前。餓鬼名叫「面燃」，顧名思義，他的形象就是滿臉火燄，熊熊燃燒的樣子。此外，他還腹大如山，喉嚨卻像一根針那麼細，食物一碰到嘴就變成木炭，因為都被火燒焦無法入口，又因為瞋火重，水到他的意識裡就形成了血水，就算勉強想要吞嚥，極細的喉嚨也讓食物無法進入。痛苦異常的餓鬼來到阿難尊者面前，並說出阿難三天後將墮落於餓鬼道之事，若想避免，就要布施百千個餓鬼及婆羅門仙人各一斛飲食，再以三寶供養。阿難向佛陀稟報，佛陀遂教阿難《陀羅尼施食法》，只要經陀羅尼加持過的食物都會成為法供，上奉佛法僧三寶，下施餓鬼等眾生，如此則能消除眾鬼的痛苦，令他們捨去鬼身，獲得解脫。阿難便遵照佛陀的指示，設齋供僧，施食餓鬼，讓他們能離開飢餓，接受法供祈福。從此，佛家就有了設「面燃鬼王」牌位，放燄口法會等儀式，經千年流傳，成為今日的重要佛事。

與內壇的供養類似，外壇佛事不論是齋天、放生、放燄口，其內含底蘊裡皆具備著「供養」的思想，而這樣的慈悲，也給予大眾藉由參與法會期間布施，與眾生結善緣，並種下最大福報的機會。身為佛子，參與超薦法會，不僅是施予，更是接受，在一面施予眾生任何供養的同時，也攝受佛法的精進。直白地說，參與水陸法會是共沐殊勝佛法，共修度眾，齊向佛國的上上之策。

集三乘法脈・歸佛國淨土

在水陸法會中，除了學習如何觀修，也要知道可聽聞的法教。每一個朝代所有的祖師大德都會根據當時的需要來補足法會內容，靈鷲山開山三十多年，水陸二十餘年之際，我們完備了「三乘法脈」的壇場，把漢傳、藏傳跟南傳的壇城完全設於水陸法會外壇，以期讓佛弟子學習到完整的佛陀法教。現在我們來談談漢傳、藏傳跟南傳佛教的歷史與特色。

漢傳佛教在東漢末年就已傳到中國，因此中國佛教發揚光大留傳至今。整個大乘佛教一脈相傳，在隋唐時代有十三宗之說，也就是淨土宗、毘曇宗、成實宗、律宗、三論宗、涅槃宗、地論宗、攝論宗、禪宗、天台宗、華嚴宗、法相宗、密宗。現在流傳下來的主軸有十宗，十宗裡面有俱舍跟成實二宗是小乘教法，大乘留下八宗，包括天台宗、三論宗、律宗、淨土宗、法相宗、禪宗、華嚴宗、密宗，在臺灣比較興盛的是禪宗跟淨土宗，因為它從貴族走向民間。至於密宗在唐代就有，所以又稱唐密，從中國傳到日本的叫東密，從印度直接傳到西藏的叫藏傳佛教，所以密宗不只是藏密，臺灣、中國大陸現在還有唐密，傳到日本的東密也是源於唐密。

關於藏傳佛教主要說法之一，是在西元七世紀比中國佛教稍晚些，直接由印度傳到西藏，當時西藏佛教是由蓮花生大士從印度到西藏跟當時的國王赤松德贊，以及大翻譯家寂護三個人，一起建立了整個藏傳佛教第一座寺廟桑耶寺，然後開始有了西藏出家人，到九世紀末朗達瑪滅佛之後，西藏的佛教再度興起，所以分為前弘期跟後弘期，目前共分為：寧瑪教派紅教、黃教格魯、白教噶舉以及花教薩迦派。

南傳佛教最主要在東南亞弘揚，如泰國、緬甸、斯里蘭卡等地方，（我們於水陸期間的南傳壇法師就是緬甸佛教）。由於東南亞的古代史文獻匱乏，佛教傳入緬甸的歷史因此尚無定論，但根據不少學者推測，佛教在緬甸的歷史可能已延續有兩千年的時間。直至西元九世紀初期，緬甸進入蒲甘王朝時代，佛教盛行，雖然原本大乘佛教、密教、婆羅門教都在當時廣為流行，但後來緬甸開始進入整個佛教的統一，並以上座部原始佛教成為他們的主軸修行信仰。在蒲甘佛教的全盛時期，上緬甸共有一萬三千多座佛塔與僧院，甚至到目前為止，緬甸佛教算是僧伽制度最完備的一個國家，而且他們的每一位僧者都要經過嚴格的考試，三藏比丘是最高的殊榮，也就是他在經、律、論都經過嚴格的國家考試，能夠背讀這些佛陀的經典，這是緬甸佛教。水陸南傳壇中的緬甸僧人生活嚴謹，戒律已經融入他們生活起居當中，連走路都很自然是一直線。這是一個到目前佛教仍非常興盛的國家，也希望我們繼續護持他們可以擁有這樣純正的佛法信仰。

在南傳壇中，念的經典叫做《大護衛經》。意為護衛、保護。根據上座部佛教的傳統，有一些經文具有某種不可思議的力量，能夠使念誦者和聽聞者免除危難、帶來吉祥，因此，該經典的編纂者把這一類具有護衛功效的經典編集在一起，所以叫「大護衛」。念誦護衛經的傳統可以追溯到佛陀的時代，傳說中佛陀曾教導住在森林中的比丘們，為了免遭毒蛇等有傷害性的動物攻擊，在向諸蛇類散播慈愛的同時應念誦該經。如此看來，《大護衛經》無非是消災、超度、祈福、平安。事實上，這部經包括了六類的守護祝福：

第一類是「三寶類」，透過佛法僧三寶他們修持戒定慧的功德加持，來守護、保佑我們。

第二類叫做「慈愛類」，佛陀跟祂的比丘們夏天在草地上行走，有時候會踩死一些動物，因此會有結夏安居以避免傷及生靈；或者修行於樹林中，有時會有蛇來干擾，佛教導比丘們，要發起對這些動物的慈悲心，當你心裡有慈悲，這些動物自然心性柔軟，你發起愛心，森林就自然不會跟我們結下惡緣，所以佛陀教導我們不管是各類的人與非人，或是飛禽走獸之間，念一些咒語可以慈愛生靈。

第三類叫做「道德類」，就像《四書》、《五經》，教導我們如何提昇自己的倫理品格，透過倫理品格、道德修養的提昇來厚植我們的福德，有了品德，福氣就會比較深厚，一切就比較如意自在。

第四類是屬於「法義類」，在南傳裡相信經典是有加持力的，所以他們供奉經典。緬甸和尚會在身上刻很多經文咒語，甚至有比丘頭上刻了一部經，因為他們相信經典可以保護他們。

第五類是「法療類」，療就是治療，有時生病，要觀察四念處、無常苦空。對佛法要理的觀想也能夠讓我們治病。佛陀生病時，祂就會觀想自己的身體和真正的心其實是兩回事，當身體痛時，祂就觀想四大假合，對身體的執著不那麼重，就能跟它和平相處。其實這也印證在自然醫學的療法裡，基因科學，當你發出一個善念，你所有的細胞就可以跟你和諧相處。

第六類是跟大乘佛教一樣的「稱名類」，就是念佛陀的名或念一些護法龍天的名稱也可以保護我們，尤其到一些恐怖的地方或碰到災難時，我們可以常常念名、稱名來守衛自己。南傳壇比丘誦讀的《大護衛經》，就是讓我們實地演練當時佛陀對祂弟子們授予的口訣、秘訣，以及保護自己、保護森林，或者是對治毒蛇猛獸與如何安家、平安的咒語經文。

另外在密壇中，水陸期間會修六個法。首先修瑪哈嘎拉。瑪哈嘎拉是觀世音菩薩的忿怒尊，為我們除障、除魔，其實瑪哈嘎拉是三根本的化身，密宗的修持三根本非常重要，是我們的主軸。所謂三根本，是上師、本尊、護法。上師的作用在於加持，本尊的作用在於讓我們能夠成就，護法的作用在於事業，不管是佛行事業或是護持的事業。所以瑪哈嘎拉就是三根本的總化身。

另外則是特別在內壇所舉辦的上師長壽法，要得長壽就可以請這個法，把身體的障礙消除，而得長壽。

還有施身法。施身就是把我們的身體布施出去的一種觀想，就是去除我執，因為我們每一天活著都以為這個肉體是你，其實佛說無我，痛的感覺還是最影響自己，跟著這個幻化的我、這個肉體，我們就要訓練讓肉體不會太干擾自己的修行，所以要修施身法。施身法有三個重點：外、內、密。外在的施身法通常在墳墓地裡面修，去觀看這些屍骨，生命的無常、肉體的不真實；內就是修心裡的五蘊，觀想色受想行識的不真實並將之作為一種供養；密最重要，就是對心性了悟的一種布施，是一種空性明白的修持。

另外，還有普巴金剛。普就是空性的意思，巴就是智慧，所以就是空性智慧的修持，以空性智慧來降伏我們的心魔，更可以降伏一切外在障礙。慈悲的上師在法會的最後會修蓮師的財神總集法，各路財神都總集在一個壇城來修財神薈供。還有因應水陸法會的需求修文武百尊，這就是超度中陰身的眾生，尤其我們的親人、眷屬、朋友，剛往生四十九天內修這個法最能夠救拔他們，文武百尊也有消災的功能，就是把我們的意識能夠轉換成為智慧，這是密壇主要內容。

以漢傳佛教來說，外壇諸經六小壇所誦持的經典都以漢傳佛教為主。例如，《圓覺經》主要在講眾生本來成佛；《楞嚴經》是觀世音菩薩耳根圓通；《法華經》是一切經中之王以福報為主；另有藥師壇、華嚴壇跟淨土壇。

其實啟建三乘法脈的主軸，最重要的就是希望讓大家匯歸西方淨土，讓我們觀像念佛、持名念佛以及心性上直接契入我們的佛國淨土，所以這是八小壇的智慧總集，難得而珍貴的時刻，親近佛法，多聞、多思惟。

水陸的神聖性

水陸的神聖：持六度心禮敬三寶

水陸大法會最殊勝之處就是為了讓我們能夠「覺明自性」，利益所有的六親眷屬，在「供上堂」這個儀軌法事當中，主要做兩件大事，一是完全的「懺悔」，二是全然的「供養」，這兩大佛事能夠讓我們契入「空性」，長養我們所有福德因緣。「供養」是我們舉辦水陸法會最重要的目的，「水陸齋」這個「齋供」就是一種無私的供養，因此我們不斷地提醒、恢復大家的記憶，希望大家將無私的供養之心，深刻地種在自己的心田裡，永遠都清楚知道供養對象、供養什麼、用什麼心來做供養。

水陸法會空間已涵括整個宇宙時空，啟建的內壇壇城中有十法界，最首要禮懺的對象是佛法僧，就是三寶。三寶是一切眾生的良友福田，若能歸向者，則可以滅無量罪，增長無量福，能離生死苦，得解脫樂。所以禮懺佛、法、僧在水陸法會的每一場佛事儀軌中都會如實呈現。關於佛法僧的意義，大致是這樣的：

一．首先是「佛」：佛，宇宙的大覺者。就「供佛」的功德與對象而言，是法身、報身、化身「三身佛」，「法身佛」就是遍滿一切處，佛法最殊勝的地方，叫做「空性」，學佛就是學沒有（空性），因為沒什麼東西可被障礙，所以，它的體性是遍滿一切處。當你具足「空性」時，「光明」再現，即是「報身佛」。「空性」當中含有「覺性」，可代表為我們的智慧與光明，因此雖然了知「空性」，但是也能夠清楚知道、覺察，這就是最重要的「報身佛」的概念。有了報身與覺性光明以後，還要供養「化身佛」，也就是具足空性智慧之後，我們能夠顯化出一切，轉一切為道用，積聚我們的福德資糧，這是大福氣，因為佛是正遍知，了知空性，我們可以學習佛的智慧，砥礪自己以及一切的眾生所求如願，這就是供養佛的功德，供養對象叫做「三身佛」。

二．所謂的「法」：「法」供養是以法為供養，更是教導我們如何成佛的方法。普賢菩薩曾說：「諸供養中，法供養最」。

佛法能使人成佛、得到究竟的一切利樂、獲得智慧與慈悲，反觀財物珍寶的直接作用是為人提供生活便利、娛樂等，無法真正讓眾生離苦得樂，獲得心靈的沉靜充實。由此可見，以法供養的方式，讓我們因此生起慈悲，親近佛國報土。水陸法會啟建的「外壇」就是禮敬法的神聖靜地，而「內壇」裡更是舉辦許多重要佛事儀軌。此外，我們還設有「諸小壇」，以誦經的方式教導我們如何成佛的方法。

三．至於「僧」：「僧」是代表善知識。首先是「菩薩」，法界之中有眾多菩薩，都可以成為我們在學習佛法上優良的典範，例如，未來在娑婆世界要成就的佛——彌勒菩薩，祂就是用祂的慈悲，把所有眾生的心都講得一清二楚，還有以智慧為代表的文殊菩薩、踐行的普賢菩薩、救苦的觀音菩薩、除障的地藏菩薩；此外，還有「緣覺」，在十二因緣裡祂是最上根器的阿羅漢，能像佛陀一樣洞悉一切因緣。當時佛陀經過六年苦行，發現原來宇宙、人生都是由因緣而相互連結，有此因就會生彼果，所以因果輪迴相續不斷。由於心念因果的連結，我們會走向一條生滅的輪迴，也可能走向一條無生滅的解脫。而「聲聞」則了解四諦法門，透過佛經、善知識所說法，讓我們知道四諦法門——苦集滅道，又透過善知識所說法，讓我們了解如何修行與認識人生的種種現象。

事實上，「僧」也是佛法的實踐者。像過去創立大乘八宗的祖師，就如同淨土宗、華嚴宗、密宗、禪宗這些大祖師們，透過祂們的修行經驗傳承後學，並由論師造論，藉由這些祖師論典，讓我們能夠學習佛法，幫我們找出一套學習系統，就像心道法師他的平安禪、四期教育，將修行與佛法整理出一套學習系統，是知識智慧的展現，所以，禮敬僧是非常重要的。

除了佛、法、僧的禮供之外，在水陸法會中，還有護持一切眾生的諸位明王。這世間雖有菩薩慈悲化現度眾，但也有難以調伏的眾生，因此就會有很多的明王（菩薩或佛）示現忿怒像來度化人。例如「不動明王」就是「觀音菩薩」所示現來度化眾生；閻魔天（大威德金剛），祂為文殊菩薩所化現。當六道群靈看到這些示現忿怒尊的菩薩，自然會降伏自心，菩薩們再用其它種種方便法門來轉換。另外像《穢跡金剛說神通大滿陀羅尼法術靈要門》記載，釋迦牟尼佛也曾經示現穢跡金剛調伏蠡髻梵王（或做螺髻梵王）。佛陀將入涅槃之際有無量百千萬眾、天龍八部、人、非人等都非常傷心，而且都在憶念著佛，唯獨蠡髻梵王還在天界享樂，因此派遣百千眾咒仙去收服、規勸，結果未成功，反而被蠡髻梵王以種種不淨污穢物作為「城塹」，眾咒仙們見此污穢物犯咒而死，大眾從未見過這種怪事，於是又改驅策無量的金剛聖眾持咒而往，也是沒有成功，這時佛陀憐憫大眾，從祂的心間化現穢跡金剛，調伏蠡髻梵王，所以這也是佛菩薩的另一種示現。

因此，我們也要以虔敬之心供養這些以忿怒尊作為化現的菩薩；又如「護壇將軍」，他是守護我們壇場、保護這些佛塔與聖地的守護神，我們進行各項佛事儀軌時更不能忽略「護壇將軍」，要恭敬如實地供養；不只是供養天人，在座弘揚水陸的大德們也是我們共同要供養的對象。從梁武帝、寶誌禪師一直到今天，參與的水陸功德主以及所有的志工，學習護持、禮懺、拜佛，這就是供養的實踐，更是水陸法會之所以神聖的原因。

我們所要用的供養物稱為「六塵妙供」，就是香、花、燈、食、寶、法。也可以說是以虔誠的「六度」心來供養，心道法師教導我們要用「一心」也就是「真心」來做「六度」的檢驗，以「六度」來供養「六塵」。用「六度」的精神來說，「香」可表徵為戒定慧，戒香、定香、慧香，因為做到清淨的供養，所以稱為「香」；「花」，透過花的供養與裝飾，除了讓與會大眾生起莊嚴肅穆、心生歡喜之心外，「花」亦表徵著「萬德莊嚴」，就如同我們所表現出來的威儀、氣度一般；「燈」，象徵「光明」，我們要以光明和智慧來做供養，這稱為「燈」的供養；「衣食供養」，「衣」要用「忍辱衣」來供養，這裡的「忍辱衣」也是指「忍辱心」，代表一切的修行都需具足「忍辱」，我們要超越自己色身的辛苦來做供養，所以大家在拜懺、禮佛、供養的時候，都要能夠把自己有相的辛苦化解，以歡喜心做供養，這稱為「衣食供養」。「食物」也是一樣，要化解這個貪心、欲望，因此，需用清淨的食物來做供養；「寶」，象徵我們要用堅固的信心，以最大的虔敬心來做供養，如同用實相的信心、真實、不退轉的信心，做供養一般。最後，「法」，指的就是佛經，透過供養佛經，生起我們的無上菩提心法，連結供養十方法界眾生。

我們用六塵妙供來供養四聖，但一切最珍貴的是菩提心。因此，要發起「菩提心」，以「菩提心」來供養佛菩薩，願意修行、學佛，讓自己朝佛陀的法教方向邁進的一份心就叫菩提心。發不退轉的菩提心，在尚未成佛以前，一定要勇敢、堅定往前精進地修行，這就是無上菩提心。請用真心供養佛法僧，供養一切有情、所供養的六塵，要用六度波羅蜜來成就它的殊勝價值。

善養諸佛菩薩，成就報土淨地

解釋佛的法身、報身、化身的「三身」意義，其實是一門很高深的學問。簡而言之，當我們修行開悟時，我們能用慧眼看到佛的「法身」，法身是一種沒有定相的無相現象，也可以說是空性的展現。但在我們尚未開悟時，佛與佛的法身，只有佛跟佛可以看得到。

例如，在許多佛教藝術中，常常看到「二佛並坐」（或並站）的形象，其實，二佛並坐的典故出自《法華經・見寶塔品第十一》，這二佛，就是釋迦牟尼佛和多寶佛。二佛並坐是因為祂們相互之間便是佛與佛的印證；至於佛的「報身」，顧名思義就是佛福報因緣的果身，應於佛陀的身上，就是位居淨土世界，為圓滿功德的表徵，也就是修成福慧圓滿之時的結果。就像我們這個世界的報體，娑婆世界的報身，其實不只是一個地球，地球只是一個化身佛示現的地方，報身就是一個銀河系，佛的世界非常大，但是我們肉眼看不到。而佛報的受用，就像《佛說阿彌陀經》，就是阿彌陀佛的報體，只要持誦「阿彌陀佛」，就能連結到祂的報土。但我們現在看得到的只有化身；「化身」，又稱應化身，是為了救濟眾生所顯現的人格身。化身是只要有緣，大家都可看到的。菩薩需要度化眾生，常常示現給大家來供養、來種福田，未來菩薩就能夠受用到佛的報身。我們在供養時，能夠常常跟著菩薩相應，共同成就出一個報土，功德無量，福報盈滿。

所謂的「報土」，就是諸佛報身所居住的地方。萬德莊嚴的國土，此國土是依彼佛因地所發大誓願、所修大功德而成就的淨土。報土之高妙，是佛的境界，連羅漢等小乘證果者都難以往生佛報土。業障深重的凡夫為什麼可以往生佛的報土？除了依靠阿彌陀佛的因地發願之外，只要我們追隨菩薩大悲願力，就能與菩薩相應，精進佛的教法，就能把連結報土的橋樑搭起。活在這個報土裡，就如同我們在此設立諸佛法身舍利的寶塔，我們觀想自己就在塔裡面，去受用祂的報土，這也是善養福田的功德。

內壇佛事所連結的賢聖，佛、法、僧三寶缺一不可，更是學佛和修行的依據。佛是我們的目標，是想要覺悟的目的，大家都希望成為完全的解脫者；法，是學習的道路，僧，是教導我們的老師。再者是一切賢聖，不管是論師、經師、律師。這裡所說的律師，是受持戒並且在經、律、論上有所成就的法師。還有一切明王護法，以及守護舍利壇城的大菩薩。相信這個所謂「守護舍利壇城的大菩薩」就是相信水陸，推廣水陸，成就水陸，讓十方法界每一道的眾生都得到利益，這就是一種神聖的表現。

而供養的關鍵就是虔誠，要專注，要歡喜，不要有懷疑的心，要有觀想力，敬獻代表清淨的香、代表證悟的花、代表光明的燈、食、稀有珍貴的寶、最殊勝的法來供養，這就是經典所說的六塵妙供。尤其是法的供養，除了打開經典供在堂上，更要去遵從經典的教說，要弘揚佛法，教化、利益眾生。菩提心的供養、利益眾生的供養，都叫做法的供養。供養之後，我們就要思考一切的學習、一切的法要，透過一切的供養後，我們內心就能獲得真正長遠清淨，如若只是身清淨而不是穩定狀態，就要加上願力，才有成佛的機會，才有永續經營的機會。

菩提心是要永續經營的。菩提心的動力就是願，願力，所以目前普賢菩薩的十大願之一廣修供養的廣，就是眾生永續，無怨無求，盡虛空，遍法界。佛的供養，無遠弗屆。虛空很大，有了供養心後，宇宙有多長遠，供養心就有多長遠，一直到沒有一個眾生有煩惱，沒有一個眾生有業障，我們的供養才停止。大家用攝受眾生心來供養上堂諸佛菩薩、賢聖以及一切護法。只要你發菩提心，就可以受用到佛的「報土」，累世累劫，就受用無盡。

嚴謹戒律中建立神聖法會

水陸是廣大、普遍、遍滿的悲力跟願力，因此要靠大修行人來主法，一個具有對天地之間徹底明白的觀照力量，才能夠轉換我們一切眾生的業識，轉換一切眾生貪瞋癡三毒的輪轉痛苦。我們透過誦經、懺悔、轉化自己，乃至於讓有緣眷屬離苦得樂，這是從智慧啟發的水陸慈悲因緣。

水陸法會有四個特色：第一個特色是實相圓融，以心性的光明跟圓融來貫徹我們的身與智、冥陽、人道跟其他法界之間，這是水陸法會最大的特色，也是在行持七日水陸修行概念裡一定要受持的正知正見，就是要一心圓明、一心法界，來圓融我們一切有情。正念、正心平等是靈鷲山辦水陸的最大基礎核心精神。第二個特色是重視戒律，在外壇裡面我們有各個經壇、有《梵網經．心地品》等等，告訴我們行持菩薩戒法，五戒十善，能夠讓我們長養福德善根。而在幽冥界，最重視幽冥眾生的受戒。人道與幽冥界眾生戒法，都是佛陀講的戒，一切眾生，都是由一個明白的心去受持，所以戒法是一樣的。不同的是環境和善因緣。幽冥界的眾生生存在鬼道或者地獄道，環境惡劣，要有善因緣方能夠受戒，這些要靠我們打齋、護持壇城，讓壇場可以清淨，發出邀請函，讓眾生有席次可以在一個清淨的壇場、一個好的環境來受持幽冥戒法。處於沸騰世界，他們的苦難是我們無法想像的，因此，要為他們清淨布置出一個好的壇場，讓他們能夠在清淨的地方，在大修行者的加持力下受持戒法。

此外，更要好好地觀想與邀請，讓有緣眷屬能夠在水陸大法會當中受戒，得到無比清淨。如果幽冥眾生有機會聽聞戒法，他們認真行持的力量會超過我們。身為「人」往往會有欺騙自我他人、渙散自己的時候，但是幽冥眾生有五通力，會更堅持、更執著於戒法，能夠更精進受持，所以要給他們機會。慈悲力發多大，累世累劫的冤親債主、父母和一切的眾生就有多少的利益來這邊學習，這就是幽冥界眾生。所以，他們會更精進行持戒法。如果他們在行持中碰到問題，我們也可以依靠行持地藏王菩薩的願力，讓有緣眷屬們、歷代祖先得到受用。讓他們可以熄滅無明，能夠有一個清淨的戒體，來一起懺悔，一起清除罪業蓋障，能夠有機會超脫現下惡劣的環境、也能夠轉化比較福薄的生命。所以，水陸法會重視戒律。

第三個特色是一心求生西方淨土。在我們具足心念的光明、禪定的力量之後，我們要用這個力量專一地回向西方，讓一切眾生能夠到極樂淨土，繼續修學、繼續能夠持誦持名念佛。

第四個特色是懺悔，也是水陸法會要實踐的要事。不管在外壇當中的梁皇壇或者是齋天，都是以懺悔為主的法門，在內壇更把《慈悲三昧水懺》、《大懺悔文》融入，所以懺悔是水陸法會的實踐，讓自己能夠受用佛法，搭起一個清淨的身語意來連結解脫的橋樑，因此懺悔法門也是水陸法會一個很重要的精神。這四大精神形成了我們對於水陸法會受持的力量。

整個水陸圓滿是外壇跟內壇並進，外壇有非常多佛事，佛事進行過程也誦持很多經典。靈鷲山水陸法會在心道法師的願力，累世累劫的因緣三乘圓融法教下，將漢傳（大乘）、南傳（原始佛教）、密壇（金剛乘）導入在我們的水陸法會中。因此，南傳、藏傳以及漢傳的法教在靈鷲山水陸開展出來，這是我們承載千餘年前水陸法會歷史的記憶，並且再次突破見證，展現了圓融的力量。

外壇佛事種種都是累積大齋勝會功德的地方，因此除了不斷參加誦經拜懺，也應多多參加齋天、齋僧、放生、放燄口這些佛事，積聚功德。所發的邀請函叫做法界十方、四聖六凡，因此不要只執著於供上堂，每一個法事都要大方參與供養，更要盡心盡力多精進去參與水陸法會，讓一切圓滿。在遍滿的觀照跟加持裡誦經和懺悔，以轉化自己乃至於有緣的眷屬，讓他們能離苦得樂，這是水陸的慈悲因緣。所以，水陸法會不斷地舉辦、深耕、擴大，代代相傳，讓佛法的光明能遍照到全宇宙。

第四章 佛法的生命療癒

章前序

大和解的生態

本章可稱為前三章的歸結與開展。所呈現的，是佛法的圓融性與轉化力，因為各種形式的生命，會自己找到適合的出口，或轉化成另一種新型態，以保有存在的空間。生命的轉化，往往先來自於「懺」，若能得「懺」，則能將污穢洗滌，將過錯導正，將遺憾放下，這些不就是佛法常說的「清淨」嗎？所以「行懺」，本身就是在實踐佛法。

水陸法會是一場不受陸海空限制的時空旅行，只要如法如儀啟建，十法界的凡聖諸眾都會受邀而來參與法會，無論是以冥陽各種不同生命形式，都能在一個時空裡重疊交會，齊來聽經聞法。因此，在水陸法會裡所舉行的每一場大大小小的佛事儀典，都是見證不同的生命歷程：抄寫牌位的當下，也許我們正聽著他人的故事，而隨之起心動念；看著水陸畫上的諸聖先賢，不禁反思懺悔我們的貪婪與癡妄；當我們超度因自然災害而亡故的眾生時，往往想起地球正在面臨著人為與環境變遷的傷害。懺法的實踐就是對自己的生命負責，就是療癒生命，就是重新轉動生命的契機。如此，才能放下一切罣礙，真正地走向成佛之道。佛法教導我們如何自省，進而推動生命的能量，讓個人生命與靈性昇華以至地球生態均能自然療癒，萬物皆然。

八天七夜的水陸法會所標誌的核心議題之一，就是「懺法與生命」。佛陀以「心」作為教導的初始，通過經文、透過法會，如鏡子般映照出眾生的習氣，幫助大家了解自己、發現自己，進而自我治療、轉化。參與法會的諸道眾生，尤其是三惡道，有得以獲得解脫的機會，而人道的我們則能在清淨嚴謹的戒律之下學習佛法，精進學習「阿含」、「般若」、「法華」直至「華嚴」的成佛次第，讓自身修持促成水陸法會的冥陽兩利。發起菩提心，種下成佛的因緣，這也是水陸法會最為殊勝之處。

行懺的方法

生命的起心動念：談「拜梁皇」的懺法意義

水陸開壇，整個梁皇壇與內壇合起來才是整體的水陸法會，所以梁皇壇是水陸非常重要的一部份。各位要珍惜時間，內壇有佛事就拜內壇，外壇有佛事就拜外壇。齋天、放生、燄口都盡可能參加，這才是整體的水陸法會。

大會導師心道大和尚給了水陸法會一個新名詞叫做：「生命

大和解」，我們跟過去的冤親債主大和解，跟此生的冤親債主大和解，還有跟自己內心的貪瞋癡、種種長在身體上的眾生大和解，更是透過願力菩提心所進行的大共修。在這裡先要淨除種種罪業蓋障，就像一個杯子，把那些污染的水倒掉以後，再裝清淨的法水，裝了清淨的法水，七天後出去，就用這些法水加上我們的願力，去灌溉更多有緣的眾生，超越時空地將彼此連結一起。

《梁皇寶懺》，一般人習慣稱為「拜梁皇」，但這本懺法有個正式名稱。梁皇是指梁武帝，寶懺即珍貴的懺悔法門。全稱名為「慈悲道場懺法」。何以叫做慈悲道場懺法？首先，以「懺法」的角度來說，它就是一本用來懺悔的法本，一門懺悔的法門。大家來學習懺悔，在進內壇聽經之前，必須先淨除自身的罪業蓋障，不要裝一堆煩惱，因此拜懺，使之清淨。「梁皇壇」就是懺悔堂，讓我們清淨以後，可以裝很多智慧法語，所以叫做懺法。慈悲道場，顧名思義，《梁皇寶懺》是一部慈悲的法門。因此要發慈悲心，發願度眾生，度一切苦難的眾生，來到這個壇城做懺悔，懺悔的一切都希望回向給有緣的眾生，給我們的冤親債主歷代的父母、師長，希望他們都能離苦得樂。

除此之外，還有我們內心種種的貪、瞋、癡、慢、疑，這些五毒給我們的煩惱，不管是知識給予的煩惱，還是無明給予的煩惱，都要懺除。以懺悔來導正過錯及惡業，可以說懺法的實踐，就是對自己生命負責的態度。因認識佛法而開始行懺的我們，又將因實踐懺悔而走向成佛之道。因此，當發起了成佛之心，就是慈悲的展現，因為成佛不只是讓自己離苦得樂，也願一切眾生離苦得樂，這就是慈悲的真實意，也就是「拜梁皇」的基礎，本質就是慈悲心。換個角度來說，正因為我們學佛，使得對十方法界一切眾生發起了慈悲心，所以學佛讓我們自省而求懺悔，當放下一切罣礙時，自己的靈性就會純淨、光明，生命得以昇華。

梁武帝取這部經名為「慈悲道場懺法」另有一個緣起。當初這本懺法完成後，他夢見了彌勒菩薩，彌勒菩薩又名慈氏，是以慈悲法門成就的。「拜梁皇」，是以一顆慈悲心，拜一部處處是道場，清淨無染的懺法。「拜梁皇」的殊勝在於懺法，水陸法會也因為這個《梁皇寶懺》的緣起，而有了水陸道場。然而，這個懺不是只有凡夫在懺，從眾生一直到菩薩，都要修懺悔法門，不同的次第，有不同需要懺悔的地方，很多好的修行人、大師，也常常反省自己，懺悔自己菩提心是否退轉？慈悲心是否不足？這就是《梁皇寶懺》所能帶來的感悟。特別的是，這個懺悔法門含攝十方法界，整個梁皇可分成兩大部份，前面十三卷的重點告訴我們從皈依三寶、懺悔、禮佛，到發菩提心、發願、回向，十四卷到四十卷就稱念很多的佛號、拜很多的佛名，都是要給大眾一個慈悲的觀照。

《梁皇寶懺》的主要起筆者——寶誌禪師，其實是古代一位很慈悲的大和尚。寶懺裡面舉了很多因果報應的故事，讓我們可以用來反觀自己，然後趕快懺悔，就像一面鏡子照著自己，發現髒污趕快清除。每一個佛名，就代表這個佛成佛的法門，十方法界，只要稱念一個佛的名字，就能得度，所以要虔誠地禮拜，虔誠地供養，用最虔誠的懺悔來供養十方諸佛，這就是《梁皇寶懺》禮拜的特質。

慈悲道場是觀音菩薩最大的願力，所以，這個「懺」是觀音菩薩給眾生一個方便，讓大家能夠認取這種慈悲的力量。梁皇是一個無遮大會，是廣為眾生開放的，希望大家多多來領納一切慈悲的力量，來懺除我們的罪業蓋障，聽佛法就比較容易入心。大家發慈悲心，處處都是道場。

懺悔的方法與功德

水陸法會是一場殊勝的「共修大會」，在這個壇場中參與任何一個佛事，都能夠從自己的心念轉動到全體的法界有情，把凡夫俗子的種種煩惱、業障，轉成解脫的聖人之道，只要跟這一個法會連結，我們就能夠產生互相的連動力；只要連上這個成佛之道的互聯網，就能夠啟動正覺的世界。正覺的世界，就是能夠覺醒一切，讓我們一切的迷惑跟煩惱，能夠轉成清涼跟智慧。這就是打水陸主要的利益功德。

來此處普度供養，而普度就是平等，因此內外壇都要拜，要處處去結下廣修供養的願力跟功德，除了梁皇大壇，還有諸小壇，每一部經都是幫助我們從除障、懺悔到開智慧，每一個經典的誦讀，都是能夠轉動我們的各種知見、各種執著而成就涅槃解脫的力量，所以要常常讓自己寂靜下來，去聆聽、去思惟、去修行，從聞、思、修當中啟動我們的智慧密碼，讓迷惑不要再與自己相黏。

水陸最重要的兩件事，除了「廣修供養」之外，另一項就是「懺悔業障」。我們以種種身業、口業、意業的「善」與「惡」來決定業障的存有多寡。那麼，什麼是善？什麼是惡？基本分為十種：不殺生、不偷盜、不邪淫、不妄語、不兩舌、不惡口、不綺語、不貪慾、不嗔罣、不愚癡，就是「十善業」；反之，與十善業相對的就是「十惡業」。因此，依據十善業與十惡業，決定了眾生「死亡」與「誕生」的來處與去處，要能夠懺除身、口、意惡業，才能從困惑中、痛苦中得到清明與智慧。而具體的身、口、意所生成的惡業到底是什麼呢？

一．身業：殺、盜、淫中，殺業是最大、反射最快的，製造了最多的障礙，所以要能夠懺悔過去所做的業，或許曾在不自覺間侵犯了眾生的生命。偷盜，搶奪、掠奪，侵犯別人的財產，除了傳統的偷搶之外，現代科技文明的偷，如網路犯罪，是更容易犯的業；邪淫，就是自己的家庭之外，去侵犯別人，或者有不正當的情感，讓眾生痛苦，這些都要能夠虔誠地懺悔。

二．口業：我們對最親近的人，如夫妻、父子，常造口業，常用情緒去說話，這種惡口業常常發生。此外，人們說謊有時候不經心，妄語業就來了。我們常常要能夠觀照，懺悔就是「止」跟「觀」，除了「止」之外，還要能觀照不再造新的惡業，不要去挑撥、兩舌還有綺語。綺語就是說一些不真實的話，惑亂民心，我們做佛教徒的，要慢慢地改善這整個社會的共業。

三．意業：意業比口業更快，貪、瞋、癡都是無始劫以來的習氣，比較難觀照到，這個要靠定力，我們要常常修禪定、修慈悲，意業才不容易犯。其實妄想總在無明時出現。「無明」，就是煩惱。所以，應該在禮佛懺悔當中，慢慢得到自己的清涼，能夠把這些業給懺除，心念就逐漸轉化成清淨心。

古人常說的「隨緣消舊業，莫更造新殃」其實就是指拜懺的意義。懺悔業障最重要就是隨時隨地把過去所犯的這些身、口、意業消除，甘願受叫做隨緣消舊業，不甘願就會再繼續造，就會生起這種無明煩惱與怨念，所以要隨緣消、甘願受，這叫「止」，停止的止，就是要訓練這個定力。另外，還要學習觀照，觀照的好處就是不再造新殃，要當下覺知，當下就止惡行善，這叫懺悔業障。而具體的行懺方法又是什麼呢？其實懺悔的方法有三種：一是「作法懺」，二是「取相懺」，三是「無生懺」。

所謂的「作法懺」是指謹守戒律，去做八關齋戒，或是去閉關、禪修；而「取相懺悔」，是因為有時找不到善知識，於是我們就需要對著佛像，讓自己觀想。我們觀想、念佛、拜懺，要拜到可以看到佛菩薩的形象現前。比如地藏王菩薩，想知道祂的母親去世後去到哪了，於是禮拜淨光王如來做懺悔，就看到佛菩薩現前的形相，代表懺悔得到感應。取相懺悔有很多不同的現前形式：有的人拜梁皇，頭幾天頭昏眼花、嘔吐暈倒，這都是一種相，一種業障現前，又或是善根發起，淚流滿面。還有念佛的感應，尤其是安寧病房的一些受苦的菩薩們，臨終之前，會看到佛菩薩的光，或者是菩薩的形相來接引，或看到蓮花，這都是一種顯現。這些都代表我們有用心、在專心地做懺悔。有時清淨禮拜會聞到檀香、清香，這便是天人歡喜來護持我們，是龍天護法的示現，告訴我們，我們的懺悔，祂們見證了；至於「無生懺」，就是我們從自性去了解諸法無常、一切幻化，外在的因緣是和合的，所以沒有永恆存在的善，內在的自我也是如幻如化地變化。

所以，我們安住在如如不動的自性、空性裡，用智慧的光明去照破我們累世累劫的煩惱、業障，這樣的懺悔叫做無生懺。

簡而言之，作法懺、取相懺和無生懺這三種懺悔的方法是有階段性的。首先由有形有相，並且謹守戒律與修行的作法懺；接著則是懺到菩薩顯相，並且能夠呈現某種境界的取相懺；最後進入真實的智慧，實相的懺悔，這就是無生懺。行「懺悔」可以說要透過布施和念佛，透過種種的聽經聞法作善業，去清淨我們的罣礙，讓善業、善根、善果報、福報能提早到，能夠讓我們累世累劫的惡業被善業所支撐，終而重業輕報，可說是真真正正地做到懺悔業障了。

善業做多的人福氣較多，雖然過去做了一些不該做的事情，但是他感受的苦就較輕，或是隨時都會碰到善緣，本有惡報發生，也會突然有一個善因讓他逢凶化吉，這就是從善業裡面使其輕報。隨時隨地提高警覺，不去長養貪瞋癡慢疑，長養惡業與慾望。把我們的心修練好，就不容易犯惡，不會去累積它，更會適時制止它。於此同時，更需要佛菩薩的力量，多念「阿彌陀佛」，佛的光明就會保護我們，讓我們處在極樂世界裡，不受到惡果循環哭喊的痛苦；念著觀世音菩薩「千處祈求千處應」，爭取時間，讓惡業果報現前的時間慢一點，使得我們有時間去懺悔、去修行，準備好一切，在果報現前時有本錢應付它。

然而，今日早已不比以往。在這個科技文明發展速度極快的時代，只做懺悔業障根本來不及，所以還要積極行善。除了「止」十惡業，我們還要「行」十善業。獨善其身的時代早就過去了，在現今，獨善其身還是會有共業存在，天災、人禍很多，犯錯時，自然災難就會產生骨牌效應，這些都是因為人類放縱的欲望，對地球做無情地掠奪。消費主義、物質消費的浪費很可怕。瞋心重，地震多；癡心重風災與；欲望重水災起。所以，我們要積極行善，產生一個共同的善業，讓地球能夠吉祥平安，大家才可以安居樂業。因此，我們要靠水陸大齋勝會的大普度才有辦法轉化共業，把不善的轉成善，要靠大眾積極行善。在水陸廣修供養，在水陸懺悔業障，發自內心去布施慈悲，乃至於一份柔軟心，一份精進，把精進的功德回向給大眾，回向給社會，以及給予我們賴以為生的地球。

佛法的精進：轉化生命的能量

成佛三因——正因、了因、緣因

水陸法會的全稱為「法界聖凡水陸普度大齋勝會」。最上的供養就是法供養，法供養更核心的就是「真法供養」，就是用我們的真心，用無相的心，無所得的心，無有煩惱的心，來布施我們的時間，布施我們的心力，成就一切的道業。心念能到的地方就叫法界，因此心念所到之處，都能夠結善緣，有著一個覺醒的連結，全世界、全宇宙最大的互聯網就是水陸法會，因為它的平台是十方法界，對象是四聖六凡，就是成就的聖人以及六道群靈都是我們供養禮拜的對象。

「四聖」，指的是聲聞、緣覺、菩薩與佛。也就是能夠覺悟生命，覺悟一切執著現象、顛倒妄相的人。也就是，去除我執，能見到無生、看到真理、明心見性者。「聲聞」，就是從佛陀的法教、善知識的教導裡面開悟解脫的人；「緣覺」，就是雖然沒有老師，沒有佛住世，可是祂從因緣法裡面看到生、老、病、死的無常幻化，春、夏、秋、冬輪轉，花開花謝的遞嬗，從中覺悟了空性的本質，發現自己有一個永生不滅的自性，這就是緣覺。簡單地說，從因緣裡面、緣跟緣變化裡面覺醒的人，就叫做緣覺；「菩薩」，為梵語「菩提薩埵」（bodhisattva）的簡稱，就是「覺有情」。也就是發起菩提心，「上求佛道，下化眾生」

的聖者。這就是菩薩，不斷不斷地去跟眾生連結，連結到跟他有緣的眾生都解脫，就能緣起成佛。佛，意即「覺者」，具足自覺（自己已經覺悟）、覺他（能令他人覺悟）、覺行圓滿（自己的覺悟達到了究竟圓滿）三種涵義，名之為佛，所以又被稱作「遍覺」，遍滿的覺悟，所以起心動念都要連結覺悟，才有希望成佛。

佛陀從菩提樹下證悟的時候就說，一切眾生皆具有成佛的可能性，只因為執著妄相而有差別，所以我們要能夠知道自己能成佛。成佛有三個因：第一個因叫「正因」，正因就是你的心性本來就是如此地光明，本來就能成佛，只因為執著妄想，產生迷惑；第二個因叫「了因」，我們透過修行，去明心見性，去發現自己，找回自己，找到回家的路，要像各位精進六度波羅蜜，瞭解自己就是佛，發現自己是佛；第三個因叫「緣因」，從因緣裡面去連結覺性，像水陸法會就是種下成佛因緣最快的，因為十方諸佛我們都供養，十方法界一切眾生我們都邀請，緣因，就是累世累劫不斷不斷地修供養，大大小小都結善緣，每一個心念都在供養一切的佛，廣大的修供，這叫做緣因。所以，我們本就是佛，這叫「正因」；去瞭解、去發現，這叫「了因」；去修行、結善緣，這叫「緣因」。這是佛陀告訴我們三個成佛的因。有了成佛的種子，但是如果不去灌溉，不修行，不做供養，不求精進禪修，那就很難成佛。

「凡」，「六凡」，指的是六道群靈。我們希望六道群靈學佛。六道是地獄、餓鬼、畜生、人道、阿修羅道還有天道，其中地獄、餓鬼道非常苦。在水陸法會中每天晚上放燄口，就是度化餓鬼道的眾生，讓祂們如火般的瞋心能夠熄滅，因為這個瞋心讓自己要吃的食物都是火燄，把心念澆熄、瞋心放下，至少可以吃得下食物，能夠清涼安定，這也是水陸法會中「放燄口」的意義。

水陸法會包括整個娑婆世界眾生，「普度」，是普遍地度拔，對待眾生一律平等，不會去分別、選擇。有情眾生，非人眾生，無量無邊，誰先成佛不知道，平等心的當下，最大的利益者就是自己，因為成佛是一種圓滿、遍滿的覺悟，所以要平等去普度、普施，所以叫做「水陸普度大齋勝會」，所謂「大」，就是指每一個心念都在供養；所謂「齋」，就是一種施捨、布施，不只是施食，還布施法，讓地獄、餓鬼道的眾生聽法，歡喜充滿，禪悅為食，遠離恐懼。把佛法布施出去，這些祖師製定的法本，都是用來修行的，所以法施即布施佛法，布施覺悟的法，這叫「大齋」。我們要寂靜的禪修，知曉了悟生生滅滅是正常的事實，把握覺悟的機會，常常法布施，聽法、聞法、記憶水陸的一切，這些都是佛國世界示現。

成佛的好處是不再生死、不再輪迴，讓我們的生命，真正的喜悅愉快，而且能夠幫助很多眾生。在這個連結當中，前來參與法會的人，都是一份功德。用禪定的智慧來傳承佛法，讓一切的眾生都能成佛，然後結下成佛的因，用慈悲的願力，連結利益一切眾，所以用禪來傳承佛法，用慈悲來利益眾生。在娑婆世界裡，希望因為我們的慈悲、願力、修行與覺醒，來讓地球永續下去，能夠循環不息，不要因為欲望，人類的過度消費、競爭、仇恨、戰爭而破壞這個地球。竭盡所能散發正能量，把慈悲的、柔軟的力量傳播出去，讓世界也能夠和平。希望能夠因為一滴水的功德，連結如大海般的廣大因緣，為世界帶來和平，在我們生生世世記憶裡面成熟成佛的因。

以聲聞緣覺入解脫之道

在供上堂、供下堂前，有發符的法儀，也就是發邀請函，邀請十方法界眾生來水陸法會應供，我們請上堂的佛菩薩跟有著很好的修行的賢聖們來到這裡，用最清淨的水來供養祂們沐浴，希望祂們接受我們的一份禮敬。在請下堂，娑婆世界的一切眾生，來自色界跟欲界的天界眾生、六道群靈來到這裡，同樣也用最清淨的水來供養，同樣接受我們壇城最虔誠的禮懺。

我們在水陸法會裡超度眾生，每一場佛事，每一次誦經，都是邁向成佛之道。在觀想上下堂廿四席的四聖六凡之餘，這也是一併讓自己同步領悟佛法的時刻，放下執著與懺悔過去，依從正見、正念的學習，逐漸理解緣生緣滅，悟得生命中的覺知與空性，走向圓滿的成佛之路。基本上，可以獲得兩種解脫的方式：

一、「聲聞」：就是聽聞佛法來實踐自己。

聲聞主要是從苦、集、滅、道的「四諦」法門來覺悟的，佛陀證悟時最早宣說的法就是四諦法，在第一部經《初轉法輪經》中宣說。因為四諦，就是開解出人生的現象，是每個人的必經之路，最偉大的老師就是苦，有苦才懂得覺悟，苦就是我們看到的人生現象，除了生老病死業力的苦，還有種種煩惱、知見、看法、想不開，或者是對自己貪、瞋、癡無法處理的苦，更有愛別離苦、求不得苦，以及我們色身所顯現出來，讓我們整個生命無法主導的苦。佛陀告訴我們，我們可以看到諸行無常，諸法無我，一切都是無常變化的，不只是自己的想法、肉體，還有一切因緣，我們都無法主宰控制，種種六根對出去的感受，都讓我們感受到無常的苦。

處理這些苦的方法，便是正見、正思惟、正語、正業、正命、正精進、正念、正定八正道，這就是佛教徒最基礎要實習的。從八正道學習，一直到我們從禪定來進行我們對煩惱的了知，這就是聲聞道成就的一種方法，也就是了知法，修持法，以解決自己問題，這就是聲聞道、自覺的方法。

二、「緣覺」：就是自己領悟生命中的因緣變化。

緣覺，是指沒有因緣聽到佛法，卻懂得觀察因緣變化，知道緣生緣滅的行者。他們往往在寂靜的地方，去感受到有關因緣的一切法，漸漸地從這裡開悟，了解到生命的究竟是空性的體性，這就是常常要「寂靜修」的緣故。「寂靜修」可以讓自己聽聞自性，安住本然，更是能夠剝落自己煩惱的方法。

無論「聲聞」或「緣覺」，都列為上堂四聖之一，是供上堂最主要的對象之一。此外，供上堂另有一些解脫聖人，及歷代從修行得到證悟的各宗祖師。有修持戒律的，還有禪宗、密宗以及淨土宗等，都為我們整理出修禪、持戒的法本，對於佛法的發揚有很重要的貢獻，因此供養祂們之餘，更要跟隨祂們的腳步，精進自己的佛法。

做為一個佛弟子，我們首先如法如儀地信奉佛法僧三寶。我們要發菩提心、正等正覺成佛的心，要覺悟此生的迷惑、生生世世的無明，能夠轉一切的煩惱為菩提，而能夠自在解脫，所以佛就是讓我們覺醒，佛就是引領我們開示悟入正知正見的大覺者。在《法華經》當中，佛陀出世，只為了讓一切的眾生，都能夠入佛知見。佛陀在沒有證悟的時候，從不稱自己是「佛」，稱自己是一名「覺者」，當佛陀發現了宇宙、人生與生命的真相時，便正式地告訴世人說：「我是一個覺者，我不再叫做悉達多，我叫做佛。」就是佛陀覺悟了人生的真相，苦、集、滅、道的真理，知道人生為什麼會生死輪迴，而且找到了方法告訴我們怎麼跳脫，所以我們要禮敬佛，向佛學習法，就是讓我們能夠悟入佛的見解，而且能夠契入生命的真相，超越生死輪迴。

而引領我們的叫做善知識，叫做僧，我們要追求正覺之道，真正的理解覺悟人生，我們要學習正法，我們要跟善知識、一切僧寶學習，我們要更珍惜、更感恩、更虔誠地祈請我們的大會導師，他集三寶於一身，為了連結十方法界的善因緣，為了扛起救拔六道眾生的大因緣，數十年來不間斷地啟建水陸法會，讓我們可以一起在這裡共修。要珍惜心道法師的大慈悲，並且天天祈請師父能夠長久住世，法體能夠無恙安康，才能夠有機會讓我們依止三寶，齊心祈禱佛、法、僧三寶的加持及護念。

以「自性光」來昇華生命

大齋會是指供養的範圍及對象十分廣大，包括十方法界一切的佛菩薩，有成就者、修行人，還有歷代的證悟者，都觀想、禮請蒞臨法會現場。大家要超越人類有限的思惟，如同《心經》裡面所說的「無眼界，乃至無意識界」，意思是說不管聽、看、感覺，都要超越時空限制去觀想，沒有界限、沒有範圍，這樣的供養功德是最廣大的。不可以打妄想，要讓意識能夠到達無意識界。以清淨心來收攝六根，讓我們一即一切，從這一顆虔誠的心，到所有有形、無形最好的供品，皆來供養並與所有成就者、解脫者結緣，為自己積聚生生世世的福報。

內在一切所有的念頭，都要跨越「我」這一個執著來做供養，因為最大的供養就是無相布施。心，本是無形無相，可是因為有一個「我」在執著，所以它就有範圍。「我」，是由貪、瞋、癡、慢、疑產生的，一個沒有貪心的人，那個我不只是大我，還是跟一切眾生平等，相互依存的無盡藏。當我們離開對貪、瞋、癡、慢、疑的執著，這個「我」就會擴大，就能夠到達一種大我的愛、無我的本質愛。

外在的現象，也就是人間色聲香味觸法都可以觀想，因為萬法唯心造，所以要盡量觀想最美好的經驗，如佛國世界的圓滿，在專注地觀想下，變成真實現象。一般所能觀想的，都是人間有限的事物，但是如果有一顆虔誠的心，觀想出來的，就會超越你可以想像的。因此不論是供上堂、供下堂，或是參加幽冥戒、外壇佛事等等的儀式時，最重要的就是保有一顆虔誠且恭敬的心。除了虔心觀想，還有一個最珍貴的寶，叫做「自性」如意寶。也就是我們能知、能覺的靈性，它會帶你去煩惱，也會帶你得到快樂解脫。要善用這個知覺，它的本質是無形無相，是一種光明，所以只要清淨下來，你的心就會放光，它並不是天使、上帝或佛菩薩所專有，每個菩薩大德內心都有一份真實存在的光，你們要把這個自性的光呈現，它就可以沒有時間、空間的障礙，讓大家能夠心開意解、能夠清淨光明，這就是學佛最大的寶貝。可是，生活在娑婆世界，有色、受、想、行、識這烏雲般的「五取蘊」，這五取蘊就如同五個大蓋子似的，把靈性的光明給蓋住了。我們執著於苦，以為是真實有的，以為這苦的現象是存在的，忘記自己有一個沒有苦、不會生、不會死的自性。

拜水陸，就是要請求諸佛菩薩，跟我們相應這種覺悟的「光」。要把這個蓋障放開來、鬆開來，輕輕安安、清清淨淨，沒有任何執著地供養，用自性光跟菩薩相應。在可以聽得到、看得到、感覺得到的地方，都是佛菩薩。從現在開始到生生世世，都要用自性光來供養。

當下生起每一個念頭，無論是所看到的人、感覺到的好好壞壞，都是佛菩薩的示現、都是我們要禮敬、要讚嘆、要供養的對象。如此一來，供養的福報就是無窮盡、遍虛空，乃至於生生世世，都是我們的福德因緣。所以，要把握眼、耳、鼻、舌、身、意，這「六根」去感知，去感覺，這些都是佛菩薩的示現，這樣的供養是最大的福報，而且與解脫合一。希望用無我的心，收攝六根、以無相供養來供上堂、供下堂。

水陸法會中的戒定慧修持

近年來，天災人禍頻繁，地水火風空的災難都有，所以，時時刻刻都應該要虔心學佛，以面對未來完全難以預測的災害跟苦難。除了積極地懺悔，廣修供養、廣結善緣，以淨除我們過去的罪業蓋障之外，還要積極地行善。在我們這一生還有能力的時候，多累積一些善緣，只要善緣具足，當災難現前時，它自己會向右轉、向左轉、向後轉，便不會與苦難相應了。因此，想消災懺悔，就要積極行善，要能夠建立我們的正知正見，才是有效的方法。佛教經典裡常常說「眾生顛倒」，顛倒的是觀念，也就是產生邪見，因此要培養正見。我們總認為這個身體是永恆的，認為欲樂、吃喝玩樂是快樂的，覺得這身體裡面住一個我，然後整天就把它當皇帝服侍它，跟著它跑，又以為自己每一個想法皆是如此，不明白自己的本心，使得樂非樂，苦非苦。甚至，使自己的心生病，憂鬱症、躁鬱症莫名生起，心煩意亂，精神錯亂，錯解自己本心，此乃「顛倒」。

佛陀祂累世累劫修行，證明了我們心的想法是妄想，是飄來飄去不真實的，所以不要把它當作真實的自己。生氣時，要看清楚那是假的，就不會生氣，不會結惡緣，貪念起的時候也是如此。在娑婆世界，縱使王宮貴族也很苦的，沒有人有權利能不死、不病。我們不能主宰每一個細胞，每個細胞有它自己的生命，都會生老病死，所以不能把身體當作永恆不壞。因此，真正的生命教育是佛陀教導我們如何得到一個永恆的生命與歸向極樂淨土。前提是如何讓自己的心處在一個清淨的世界，而不是一個無常、幻化、苦悶的心境。這唯有靠修行，修行之法總括起來，就是戒定慧。

外壇梁皇壇開始的時候會受八關齋戒，受八關齋，就會懂得戒律，懂了戒律、便要守好戒律，規範大家有一個清淨安全的環境，不會樹立敵人的方法，這就叫做「戒」；「定」就是認識自己的心，不打妄想，不跟著欲望跑。要訓練自己有定力，所以要修「禪」，禪修，讓自己的心看清楚並沉澱下來，看清楚世間一切的幻滅，正知正見，就不會顛倒妄想。所以，因應天災人禍，第一要消災懺悔，第二要積極行善，第三要建立正見。要每一天學習與實踐，學佛而修佛，才能夠解脫這一切的苦惱與苦難。

過去、現在，乃至於未來的佛，所教導的都是一樣的，也就是讓我們得到正知正見，而能夠覺悟人生。參加法會縱使沒有開悟、沒有成佛，至少也是快快樂樂地活著，我們要離相，離開顛倒妄相、離開苦，建立實相，建立對真實生命的了解。另外，在水陸法會中的每一天晚上都要「放燄口」，根據《佛說救拔燄口餓鬼陀羅尼經》記載，「放燄口」就是舉行施食餓鬼的一種佛事，主要目的是在施食餓鬼道眾生，藉由佛、菩薩的加持和願力，讓餓鬼道的眾生得以解脫，這也是用來對死者追薦的佛事之一。大家都能夠在這個七月份，多多跟好兄弟結好緣，不只自己，我們也想想看這麼多災難，如何發心讓這些罹難的人，他的靈識也有機會來這裡聽經聞法或能參加，放燄口、放生、齋天、齋僧，這些法事度化眾生的實踐。所以，藉由參與水陸法會的外壇佛事，去學習走向成佛之道。

地球環保與自然療癒

以禪守護心靈．以慈悲愛地球

過去一世紀以來，由於人類不斷破壞地球的生態，導致地球逐漸走入毀滅的情況，雖然身處在臺灣這塊土地上的我們還沒有太深刻的感覺，但是像北極、北歐、冰島，生態科學家說再幾十年，整個國家就會全部不見了。冰島那邊的人很樂觀，在不知道哪一天他們家附近可能會火山爆發的情況下，學會如何樂觀地面對自然，並且與自然敦親睦鄰，這是我們應該學習的態度。

近年全球氣候混亂，來自於人類不斷破壞地球的生態，所以，我們要產生共識，並且落實真心愛地球。生態浩劫其實不是大自然的問題，當人類逼著地球無法自我療癒的時候，氣候各方面就會不斷地再惡化，我們生活空間越來越小，所以我們要愛地球、要實際行動，不要喊口號，要做到能量能夠共振出來。身為佛陀弟子的我們，如何能守護地球？其實就是「慈悲與禪」的進階延伸，也就是從個人的修養、靈性與願力開始做起。例如，剷除我們的暴戾之心，化去貪瞋癡慢疑。如此一來，不再因欲望而產生過度的浪費和鋪張，讓地球與自然生態走向浩劫；不再有憎恨、欲求之心，與起干戈，導致生靈塗炭。自然萬物將因人類的寧靜與無欲，進而生起慈悲心而愛護地球，它們就能因此得以休養生息，獲得自我療癒、延續生命的機會。

什麼是慈悲？什麼是禪？心道法師說，慈悲是守護心靈、慈悲地球；禪，是我們的本來。「禪」，就是瞭解空性，那麼何謂空性？就是像虛空一般寬闊廣納，就好像水陸法會啟建於桃園巨蛋，巨蛋有多大就可以容下多少。我們的禪就如虛空一般大，是一切萬有的本質，也就是具有空性，具有這個「空」才能夠包容一切。

更進一步地說，要隨時保有一個清淨心，「淨」了才能「空」。如果太陽被烏雲遮蔽了，就見不到陽光，所以，心要清淨、沒有染著，這就是「淨」。清淨以後，就能夠光明、明白，所以禪也是光明。明白之後，還要遍滿，這個光就像太陽一樣，照耀高山也照耀河流，使一切完全沒有黑暗，這就是一種遍滿的光明，所以叫大日如來、叫毗盧遮那佛，叫普賢王如來，叫做一切眾生的本來，這就是「禪」。可見禪的本質是空性，它的樣子是清淨的。禪能夠開智慧、能夠解脫，是光明的、是智慧的；它還是遍滿的智慧，是遍照的光明。所以禪有四個字，叫做「空」、叫做「淨」、叫做「明」、叫做「遍」，空性、清淨、光明、遍滿，這就是毗盧遮那佛，就是每一個人都有的法身，即是「禪」。我們慢慢透過菩提心，去發願、精進，慢慢體會，找回到自己，認識自己，這就是佛法精進之所在。從這個精進就會慢慢生起慈悲心，自然造就大悲願力。

慈悲，表現得最清楚的就是觀世音菩薩，想學習觀世音菩薩的慈悲，要念〈大悲咒〉。〈大悲咒〉是能夠生生世世與觀世音菩薩連結的一個通關密碼，我們跟著觀世音菩薩做連結，就等於得到祂所有的慈悲護佑。學習觀世音菩薩，念持〈大悲咒〉時要秉持著大慈悲心、平等心、無為心、無染著心、空觀心、恭敬心、謙卑心、無雜亂心、無見取心、無上菩提心十種心，這十個心就是來訓練我們，培養我們成就大菩提。其中最簡單的是「恭敬心」，每個心念都要非常恭敬，對任何一個人，無論是友好的、還是敵視的，都要恭敬。此外，對不同道的眾生，都要恭敬、不要因為是畜生道我們就欺負牠、瞧不起牠；餓鬼道我們就恐懼他、遠離他，這是不對的。任何眾生都要對其恭敬，並且尊敬而悲憫。

觀世音菩薩因為這些心的實踐，慢慢具足了菩提心、大慈悲心。有了菩提心，才能夠發不退轉願力，就如善財童子可以發願成就佛的資糧，因其祂發了菩提心。何謂菩提心？就是生生世世要成就佛道，並引領眾生成就佛道；有了菩提心，我們的願力才會堅固，有了堅固的願力，才能夠對眾生的慈悲不退轉。所以，若想具足「禪」跟「慈悲」的智慧與功德，首先就是要知道怎麼實踐觀音菩薩的大悲十心。

禪是覺悟生命，慈悲是奉獻生命。因此，要慢慢地學習光明遍照的開悟法門，學習到慈悲的法門之後，接著就是——「守護」，守護自心就是禪；守護眾生就是慈悲。水陸法會正是將慈悲擴大運用於整個地球。慈悲地球，把自己擴大到家庭、社會，然後擴大到人類。人類生存的條件就是這個地球，也就是大家賴以為生共同的家，所以更要好好地愛它、感恩它孕育我們、長養我們，長稻子給我們吃飯，有空氣給我們呼吸，所以要珍惜地球的生命，不要污染它、浪費它的資源，這就是守護地球。

應勤修佛法守護地球

《諸經論》中有「三千威儀，八萬細行」等說法。而佛陀教導菩薩應該行、住、坐、臥四威儀中，有威可畏，有儀可則，無有缺犯。許多參與水陸拜佛的功德主年事已高，有些剛受到來自家庭的心靈創傷，想為家庭祈福，為自己親人求福報，遠離苦難，他們仍專心一意地祈福、拜懺、誦經，珍惜自己可以參與水陸法會種植福田的機會，更獲得與十方法界、六道群生廣結善緣的機會，希望讓所有的功德主發心、專注禮佛拜懺，如此一來，所有的冤親債主就得到了解脫，得到了超度，整個世界都會離開悲傷，離開這一切世間的苦難。

水陸法會的廣闊性，可以說是與整個宇宙共振的，不只是關係於個人。所以，要好好地把握水陸法會，因為這麼多的修行人、這麼多的功德主大家一起來念經、共修，把這個時間延展到過去、未來，把這個空間拉到了六道、十法界，既然存在著這麼大的平台維度，就更要善用機會，串聯出最好的循環，那就是善、愛、慈悲、願力的循環。每個人如同一顆顆的珠子，因緣如同線，將一顆顆的珠子串起來，將此法緣串聯圓滿。在這清淨的壇城裡，要共同做好串聯，串聯清淨，串聯智慧與慈悲，來完成各項佛事，串起每一個眾生的希望。

我們關心地球，也等於關心眾生。在地球上有風災、有火災、有地震，而且全球氣候暖化，北極融冰問題再不關注，或許人類就會一起受到災殃，因此，要將眼光、眼界放到整個宇宙。科學家正在宇宙尋找一顆適合人類居住的星球，研究是否有氧氣、植物、水等適合地球人居住的條件，也許有，但為何不重現在珍視地球、保護它、療癒它的課題上呢？總而言之，要關心環境、關心眾生可能面對的苦難。

如今全世界都在關心地球生態、環境環保等等的議題。近年來，發生於世界各地的颶風、地震、森林大火、極地冰山融化等等的災難頻傳，這些災難現象背後的起因，幾乎都來自於人類對地球生態的破壞，打亂了自然界的秩序，究竟發生了什麼事，讓人類成為地球逐漸失去自癒能力的元兇呢？我們又該如何來補救呢？其實只要修習佛法，就能讓我們的地球漸漸止息這些災害的擴大，轉向正向的循環，進而恢復生機。因為佛法可以帶走人類的五毒心，也就是貪瞋癡慢疑，讓我們因懺悔而使「心」寧靜而祥和，世間的貪戾與兇暴將止息，我們以佛法護持這個世界，讓人類和平、地球平安，讓地球也能夠成為人間的一塊淨土，這就是一種功德的力量。

國家圖書館出版品預行編目（CIP）資料

擺渡：靈鷲山水陸法會開示集錦 /
作者 / 釋了意，—初版— 新北市：靈鷲山般若出版
2019.08 面； 公分

ISBN— 978-986-97888-0-9
1. 佛教法會
224.12 108011738

作者 / 釋了意
主編 / 釋寶欣
責任編輯 / 鄭芷芸 · 汪姿郡
封面設計 / 黃欣平
內文設計 / 王鳳梅

發行人 / 陳惠娟
出版發行 / 財團法人靈鷲山般若文教基金會附設出版社
地址 / 23444 新北市永和區保生路 2 號 21 樓
電話 /(02)2232-1008
傳真 /(02)2232-1010
網址 / www.093books.com.tw
讀者信箱 / books@ljm.org.tw
總經銷 / 飛鴻國際行銷股份有限公司
法律顧問 / 永然聯合法律事務所
印刷 / 東豪印刷事業有限公司

劃撥帳戶 / 財團法人靈鷲山般若文教基金會附設出版社
劃撥帳號 / 18887793
初版一刷 / 2019 年 8 月
定價 / 350 元
ISBN / 978-986-97888-0-9